KB138822

어떻게 삶의 주인이 될 것인가

너머학교 고전교실 09

어떻게
삶의 주인이
될 것인가

루쉰 원저 · 권용선 글 · 김고은 그림

너머학교

이 책은 중국 근대문학의 아버지로 칭송받는 루쉰(본명 저우수런(周樹人), 1881~1936)의 소설 『아Q정전(阿Q正傳)』을 지금 우리 청소년들에게 소개하는 책이다.

『아Q정전』은 1921년에 연재되었던 중편 소설이다. 이때는 병들어 있는 중국인의 정신을 '새로운 문예'로 치료하기 위해 신지식인들이 의기투합해서 만든 잡지 『신청년』이 구성원들 간의 입장 차이로 발간이 중단된 이후였다. 혼자가 된 루쉰은 동료들이 떠나간 자리에서 다시 결연하게 시대의 문제와 대면했고, 그것을 한 편의 소설 속에서 풀어내기 위해 애를 썼다.

『아Q정전』이 발표되자 '아큐는 누구인가?'라며 많은 말들이 오갔다. '아큐주의'라든가 '아큐정신'이라는 말들이 유행하기도 했다.

아큐는 한 작가에 의해 만들어진 소설적 인물에 그치지 않고, 한 시대를 사는 사람들 속에 보편적으로 존재하는 특성이기도 했다. 아큐는 자신이 받은 굴욕이나 패배감을 상상 속에서 뒤집으며 '정신 승리' 하거나, 자신보다 강한 자에게는 비겁하고 약한 자에게는 군림하려 드는 '노예근성'의 소유자였다.

이러한 아큐의 모습은 비단 그 시대의 중국인들에게서만 발견되는 것이 아니라, 현대를 사는 우리 안에도 끈질기게 남아 있는 특징이다. 그러므로 아큐의 일생을 들여다보는 일은 지금-여기 나의 삶을 돌아보는 것이자, 그것을 통해 개인의 삶과 시대의 문제를 극복할 수 있는 새로운 방법을 도모하는 방편이기도 한 셈이다.

이 책은 전체 4장으로 구성되어 있다. 첫 번째 장에서는 작가인 루쉰을 화자로 내세워 소설 『아Q정전』의 내용을 전반적으로 들려준다. 두 번째 장에서는 『아Q정전』에 담겨 있는 중요한 주제들을 지금 우리의 삶과 연결시켜 다시 이야기해 보았다. 여기서는 정신승리법, 노려보기주의, 약자 괴롭히기, 노예근성과 패거리주의, 그리고 혁명의 의미에 대해 살펴보고 그것을 통해 이 글을 읽는 독자 스스로 어떻게 자기 삶의 주인이 될 것인가 하는 문제를 고민할 것을 제안한다.

세 번째 장에서는 작가인 루쉰의 일대기를 다룬다. 이 책의 예상 독자인 청소년들의 눈높이에 맞추어 작가의 유년기와 청소년기, 그리고 청년기의 경험과 활동에 대해 이야기하는 데 많은 지면을 할애했다. 마지막으로 이 책의 네 번째 장에서는 『아Q정전』의 주제와 상통하는 루쉰의 짧은 글 몇 편을 소개한다. 각각의 글에서 이야기하는 핵심 주제를 제시하고 그것을 읽고 독자 스스로 가벼운 감상을 써 볼 수 있는 장을 마련했다.

이 책이 우리 청소년들에게 자신의 삶과 시대의 문제를 고민하는 데 하나의 길잡이가 될 수 있다면 정말 기쁘겠다.

2015년 봄 권용선

| 차례 |

2장 『아Q정전』이 말하고 있는 것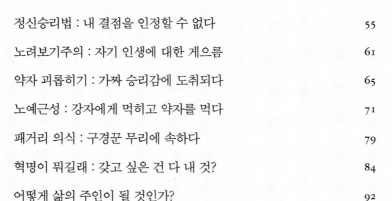

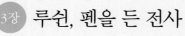

3장 루쉰, 펜을 든 전사

4장 루쉰의 메시지를 읽는 시간

■ **일러두기**
- 책에 나오는 중국의 인명과 지명은 대부분 중국어 발음으로 표기했습니다.
- 루쉰의 책 제목과 단편소설의 제목은 『 』로, 잡문(수필)과 논문 제목은 「 」로 표시했습니다.

1장

루쉰이 들려주는
『아Q정전』 이야기

옛날이야기 하나 해 줄까? 중국에 사는 한 남자 이야기야. 어떻게 보면 아주 불쌍하고 우스꽝스럽고 한심하지만, 또 어떻게 보면 화가 날 만큼 바보 같고, 어리석은 남자야. 재미없을 것 같다고? 글쎄, 들어 보지도 않고 재미가 있을지 없을지 어떻게 알아? 훌륭한 사람들 이야기만 듣기에도 시간이 부족한데 왜 그런 시시한 남자 이야기를 들어야 하냐고? 반면교사(反面教師)라는 말이 있듯이, 나쁜 삶에서도 배울 것은 대단히 많은 법. 지금부터 한 사내의 기구한 일생을 한번 들여다보자꾸나.

미장 마을의
아큐라는 사나이

'아큐(阿Q)'라는 그의 이름이 진짜 인지는 아무도 몰라. 그의 성도, 이름도 정확히 아는 이가 없었어. 언젠가 아큐는 자신의 성이 '자오'라고 자랑하고 다니기도 했지만, 마을의 최고 세력가인 자오 나리 귀에 그 이야기가 들어가서 크게 혼쭐이 난 뒤로는 자기 이름에 대해 입을 다물어 버렸지. 그래서 고향에 있는 한 친구에게 아큐의 범죄 조서를 조사해 달라고 부탁도 해 보았는데 그다지 신통한 정보는 얻지 못했어. 아큐가 살아 있을 때 마을 사람들은 그를 '아페이'라고 불렀지만 그게 그의 본명이라는 증거는 전혀 없어. 그러니 일단은 그냥 그의 이름을 아큐라고 부르기로 하자꾸나.

아큐는 미장이라는 마을에 사는 날품팔이였어. 집이 없어 마을 사당에 살았고, 동네의 온갖 허드렛일을 하며 간신히 입에 풀칠을 하고 지냈지. 보리를 베라면 보리를 베고, 쌀을 찧으라면 쌀을 찧고, 배를 저으라면 배를 젓는 식이었어. 게다가 그는 부모 형제는 물론, 처자식도 없는 혈혈단신이었지. 아큐가 어디서 왔는지, 이전에는 무슨 일을 했는지 아무도 아는 이가 없었어.

정신승리법과
노려보기주의

미장 마을에서 아큐는 극히 하찮은 존재였어. 평소 그에게 관심을 가진 사람은 아무도 없었고, 뭔가 시킬 일이 있을 때만 관심을 보이는 척했지. 게다가 그의 머리 군데군데에 난 부스럼 자국은 사람들의 놀림거리가 되기 안성맞춤이었지.

그런데 아큐는 그런 놀림 따위는 전혀 아무렇지 않은 척, 배짱 두둑한 사람인 척 행세했지. 유독 자존심이 세서 남들이 자신을 어떻게 생각하든 신경 쓰지 않는 체했고 그런 자신을 몹시 대단하다고 으스댔어. 게다가 공연히 다른 사람들을 깔보기도 했지. 모두가 존경하는 '나리들'이나 '글방 도련님들'이라 해도 그의 눈에는 하나도 잘나 보이지 않았거든. "쳇! 내 아들이었으면 더 훌륭했을걸!"이라며 그들을 무시했어.

아큐는 몇 번인가 성 안에 들락거린 뒤로는 더욱 거들먹거리며 다녔어. 작은 시골 마을인지라 미장에서는 성 안에 들어가 본 사람이 거의 없었거든.

그러나 자신감이 넘치는 아큐에게도 '부스럼 자국'만큼은 그다지 자랑스럽지가 않았던 모양이야. 그의 앞에서는 '부스럼'이라는 말은 물론이고, '빛나다' '밝다' '등불' '촛불' 같은 말들까지 함부로 쓰는 것은 금물이었어. 상대가 말솜씨가 좋지 않은 사람이면 욕을 퍼부어 주었고, 힘이 약한 사람이면 두들겨 패 주었지.

하지만 이런 작전은 별로 성공을 거두지 못했는데, 오히려 아큐가 당할 때가 더 많았거든. 그래서 아큐는 화가 나는 상대에게 분풀이를 하는 대신 뚫어지게 노려보는 쪽으로 전략을 바꿨지. 그런데 이런 '노려보기주의'는 마을의 건달들에게 더욱 신나는 놀림감이 되었어.

"어이구, 밝아졌네!"

그럼 아큐는 화를 내며 건달들을 노려보았고, 아큐를 두려워할 턱이 없는 건달들은 재미있다는 듯 이렇게 덧붙였어.

"여기 원래 보안등이 있었나?"

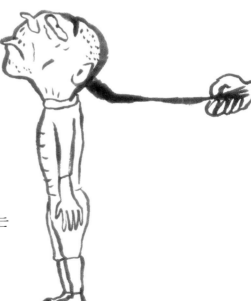

노려보기주의를 택한 아큐는 고작 이렇게 말할 뿐이었지.

"네깟 놈들은 상대도 안 돼!"

이런 실랑이는 결국 치고받고 한바탕 싸움으로 이어졌고, 대개는 건달들이 아큐의 변발*을 움켜쥐고 벽에 몇 번 쿵쿵 찧고는 유유히 사라져 버리는 것으로 끝나곤 했어. 아큐는 분했지만 어쩔 도리가 없었어.

"자식 놈에게 얻어맞은 걸로 치지, 뭐. 요즘 세상은 돼먹지 않아서 아들이 부모도 마구 친다며……."

라고 하며 금세 의기양양해졌지. 그런 태도는 자신을 무시하며 힘으로 괴롭히는 강한 자에게 대처하는 아큐만의 일종의 '정신승리법'이었어. 아큐의 그런 처세술을 알게 된 마을 사람들은 오히려 그것을 가지고 놀리며 그의 자존심을 박박 긁곤 했지.

"아큐! 이건 자식이 애비를 때리는 게 아니라 사람이 짐승을 때리는 거야. 네 입으로 말해 봐! 사람이 짐승을 때리는 거라고!"

그러면 건달들에게 머리끄덩이를 붙잡힌 아큐는 이렇게 대꾸할 뿐 어쩔 도리가 없었어.

"그래! 난 벌레야. 됐어? 이래도 안 봐?"

아큐의 정신승리법은 정말 적수가 없을 정도로 강했어. 그런 수모

❖ 변발

앞머리나 옆머리, 혹은 둘 다를 밀고 뒷머리를 길게 땋아 늘어뜨린 남자의 머리 모양을 말한다. 동아시아 북방 유목 민족의 전통으로 1911년 신해혁명 이후 사라졌다.

를 당하고도 결코 기세가 수그러들 줄을 몰랐거든.

"난 그야말로 자신을 경멸하는 데 일인자다. 장원급제한 사람도 일인자, 나도 일인자!"

라며 금세 승리의 기분에 도취되곤 했어.

늘 기세등등하던 아큐도 단 한 번 자신이 정말 미웠던 적이 있었는데, 마을 축제 때 도박판에서 딴 돈을 몽땅 도둑맞을 때가 그랬어. 그때 어찌나 분했던지 '정신승리법'도 통하지 않을 뻔했지만, 그는 결국 패배를 승리로 전환시키는 방법을 찾아내고야 말았지. 오른손으로 두세 번 자기 뺨을 세게 때리는 게 그 방법이었어. 처음엔 자기가 때리고 또 다른 자기가 얻어맞은 기분이 들었지만, 이윽고 자기가 남을 때린 것처럼 만족스러워졌어.

아큐는 참 이상한 사람인 것 같지 않니?

그런데 이상한 사람이 아큐만은 아니었어. 그 마을의 다른 사람들도 이해하기 힘든 면이 있었거든. 한번은, 자오 나리 댁 도령이 수재 시험에 급제했다는 소식을 듣고 마침 술 한잔을 걸친 아큐는 "나도 자오 가문 사람이다."라고 했어. 그건 자신에게도 뜻깊은 일이라며 기뻐했지. 원래 그는 자오 나리와 일가인데 그 도령보다 항렬이 몇 대 위라는 게 아큐의 주장이었어.

하지만 그런 소문이 돌자 아큐는 지보(경찰)에게 붙잡혀 자오 나리에게 따귀를 얻어맞게 되었어. 그런데 신기한 점은 그 일 이후로 마을에서 아큐를 존경하는 분위기가 생겼다는 사실이야. 때린 사람이 유명 인사여서 맞은 사람도 유명해진 형국이라고나 할까? 마을 사람들 생각은 이런 식이었어.

"아큐가 잘못했다는 건 분명해. 왜냐하면 자오 나리가 잘못했을 리가 없거든. 하지만 아큐가 진짜 자오 나리와 일가일지도 모르잖아? 그게 아니더라도, 성자가 젓가락질을 한 소나 돼지를 유생이 함부로 손댈 수는 없는 노릇이지."

하루에 두 번
굴욕을 맛보다

그러던 어느 날, 아큐는 치욕스러운 사건을 두 번이나 겪게 되었어. 첫 번째는 왕털보와 관련된 사건이었지. 몸에 부스럼 자국이 있고 수염도 많아서 평소에 '왕부스럼털보'라고 불리던 그를 아큐만은 '부스럼'을 빼고 그냥 왕털보라고 불렀어. 누구나 짐작하는 그 이유 때문이었지. 아큐 생각에는 부스럼 자국은 전혀 이상할 게 없지만, 덥수룩한 수염만큼은 꼴불견이라며 왕털보를 대놓고 무시했어.

햇볕이 따뜻한 어느 봄날, 왕털보가 양지바른 담 밑에서 윗옷을 벗고 이를 잡고 있었어. 이를 본 아큐도 옆에 앉아 누더기 저고리를 벗어 이를 잡기 시작했지. 그런데 옷을 빤 지 얼마 안 돼서 그랬는지 아큐의 눈에는 이가 잘 보이지 않았어. 반면 왕털보는 한 마리, 두 마리,

세 마리 계속 신나게 이를 잡고 있는 거야. 슬슬 약이 오른 아큐가,

"이 털북숭이야!"

하고 먼저 시비를 걸었어. 왕털보도 지지 않고,

"이 부스럼쟁이야! 네가 누굴 욕하냐?"

라고 맞섰지. 그래서 치열한 주먹다짐이 이어졌는데 결과는 역시나 아큐의 무참한 패배였어.

왕털보의 손에 변발의 꼬리를 붙잡힌 채 벽에 머리를 찧기던 아큐는 이렇게 외쳤어.

"군자는 말로 하지, 손찌검은 하지 않는다!"

하지만 군자가 아니었던 왕털보는 사정을 봐주지 않았어. 이것이 아큐 평생 첫 번째로 당한 굴욕적인 사건이었어. 그럴 만도 했던 것이, 아큐는 평소에도 덥수룩한 수염을 가지고 늘 왕털보를 놀려댔거든.

얼떨떨해져 있는 아큐 앞에 또 한 명의 적이 나타났는데 그는 바로 치엔 나리의 장남이었어. 성 안에 있는 서양 학교를 거쳐 일본 유학을 떠났던 그가, 반년 뒤 집에 돌아올 때 변발을 자르고 나타나 한바탕 난리가 났었지. 그의 모친은 툭하면 대성통곡을 했고, 그의 아내는 세 차례나 우물에 뛰어들었어. 아큐는 그를 '가짜 양놈' 또는 '외국 놈의 앞잡이'라고 부르며 속으로 욕을 해댔어.

하필 그날 아큐는 가짜 양놈을 마주쳤지. 평소 같으면 속으로만 욕하고 지나갔겠지만 왕털보한테 당한 뒤라 자기도 모르게

"까까머리, 당나귀……."

라고 진심을 내뱉고 말았어. 재수가 없으려니 그날따라 가짜 양놈도 그냥 지나가지 않고, 지팡이로 아큐의 머리를 '딱딱!' 내려쳤지.

"난 저 애 보고 말한 거예요."

아큐의 어설픈 변명은 통하지 않았고, 가짜 양놈의 지팡이 세례가 이어졌어. 이는 아큐 평생 두 번째 굴욕적인 사건이 되었지.

하루에 두 번이나 자존심을 구긴 아큐는 몹시 불편한 심기를 달래려고 술이나 한잔하러 술집으로 발걸음을 옮겼어. 그러다 비구니 스님과 딱 마주쳤지. 평소에도 비구니를 보면 이유 없이 한 대 때려 주

고 싶은 마음이 들었는데, 큰 굴욕을 당한 직후라 아큐의 적개심은 더욱 불타올랐어.

'어째 오늘 이렇게 재수가 없나 했더니 바로 널 만나려고 그랬군!'이라 생각하고, 비구니 앞에 큰 소리로 침을 "퉤!" 뱉었지. 아무 반응이 없자 이번에는 반들반들한 머리를 쓰다듬고 볼을 꼬집으며 스님을 희롱했어. 술집에서 그 모습을 지켜보던 사람들이 좋다고 낄낄거리며 웃자, 아큐는 방금 전에 자신이 당한 굴욕을 깨끗이 잊어버리고 승리감에 도취되어 더욱 의기양양해졌지.

마음이
하늘하늘해지다

문제는 그다음이었어. 비구니 스님을 한껏 놀리며 기분 전환을 했더니만 아큐의 마음이 싱숭생숭해진 거야.

본래 아큐는 자기 자신이 '남녀유별'에 대한 생각이 매우 엄격한 사람이라고 자부하곤 했어. 그런 자신을 아주 대견스러워한 것은 물론이고. 더욱이 여자의 머릿속에는 남자를 유혹할 생각밖에 없는데 다만 안 그런 척 시치미를 떼고 있는 거라고 생각하며 여자를 업신여겨 왔지. 그런데 비구니 스님의 머리를 쓰다듬고 볼을 꼬집으며 희롱하다 보니 어느새 마음이 하늘하늘해져 버린 거야. 그날 밤 아큐는 온통 여자 생각뿐이었지.

이튿날 자오 나리 댁에 쌀을 찧으러 가서도 아큐는 여자 생각만 했어. 그렇게 넋이 나가 있다가 문득 옆에서 수다를 떨고 있는 하녀 우어멈을 보자 자기도 모르게 불쑥 이런 말이 튀어나오고 말았지.

"너 나랑 같이 자자."

그 말을 들은 우 어멈은 잠시 벌벌 떨며 놀라다가 거의 울먹울먹하며 밖으로 뛰쳐나갔어. 이윽고 온 집안이 난리가 났어. 졸지에 아큐는 나리 댁의 하녀를 희롱한 파렴치범으로 몰리게 된 거야. 아큐는 어리벙벙하고 있는 사이에 경찰에게 끌려가 한바탕 설교를 들은 것도 모자라, 벌금 조로 4백 푼이나 지불해야 했어. 게다가 그로서는 상당히 억울할 법한 가혹한 서약서까지 써야 했어. 주요 내용은 다음과 같았지.

'향과 초를 사서 자오 씨 집에 가서 사죄한다. 그 집의 귀신을 떨쳐 버리는 굿을 하는 비용을 댄다. 앞으로 자오 씨 집 문턱을 넘지 말며, 우 어멈에게 나쁜 일이 생기면 책임질 것이다. 자신의 품삯 등을 요구하지 않는다.'

이런 얼토당토않은 약속을 지키기 위해 아큐는 솜이불과 털모자, 겉옷까지 모두 팔아야 했어. 문제는 여기서 끝나지 않았지. 마을에 아큐에 대한 이상한 소문이 돌기 시작하더니 술집에서는 외상을 주지 않으려 했고, 사당 관리인은 아큐를 내쫓으려는지 자꾸 잔소리를 해 댔어. 하지만 그보다 더 견딜 수 없었던 일은 일거리가 거의 사라진 것이었어. 아큐는 정말 배가 고팠어.

아큐는 도무지 납득할 수가 없었어. 그동안 늘 해 왔던 일이 갑자기 없어진다는 게 말이 되냐고? 그래서 여기저기 수소문해 보고는 자기가 도맡아 하던 일을 소디(小D)가 하고 있다는 사실을 알아낸 거야. 아큐는 자신의 밥줄을 그 빼빼 마른 애송이가 낚아챘다는 사실에 자존심이 상하고 미칠 듯이 화가 치밀었어. 그에게 소디는 평소 왕털보보다 더 하수로 깔보던 대상이었거든.

그러던 어느 날, 아큐와 소디가 우연히 길에서 딱 마주쳤어. 외나무다리에서 원수를 만난 셈이었지. 아큐가 눈을 부릅뜨고 먼저 큰 소리로 욕을 했어.

"개자식!"

그러자 소디가 말했어.

"나는 벌레야. 그럼 됐지?"

그런데 소디의 이 겸손한 말이 아큐의 울화통을 터뜨리고 말았어. 아큐에게도 익숙한 그 말이 아픈 상처를 들춰낸 거야. 결국 두 사람은 서로 머리끄덩이를 틀어쥐었고, 구경꾼들이 지루해하며 슬슬 흩어질 무렵이 되어서야 간신히 떨어졌어.

시간이 흘러 추운 겨울이 가고 따뜻한 봄이 왔어. 그러나 아큐의 형편은 전혀 나아질 기미가 보이지 않았어. 구걸이라도 해야 할 지경이었지만 그의 자존심이 허락하질 않았지. 낯익은 술집과 만두집을 지나치며 아큐는 생각했어.

'내가 구하고 싶은 건 뭐지? 술인가? 밥인가? 아니, 이런 게 아닌 것 같아. 그럼 뭐지? 아! 정말 모르겠다.'

이런저런 생각 끝에 아큐의 발길이 닿은 곳은 하필, 이 모든 사건의 원흉이라고도 할 수 있는 비구니 스님이 있는 정수암이라는 절이었어.

암자 주위에 피어 있는 유채꽃과 토담 안쪽 채소밭을 기웃거리던 아큐는 잠깐 머뭇거리다가 훌쩍 담장을 넘었어. 그리고는 밭에서 무 네 개를 뽑아 냅다 도망쳤지. 등 뒤에서 늙은 비구니 스님의 목소리가 들려왔어.

"나무아미타불. 아큐! 어째서 남의 채소밭에 몰래 들어와 무를 훔치는 거야? 암! 죄악이지. 나무아미타불."

절에서 풀어놓은 개한테 쫓기면서도 아큐는 따박따박 말대꾸를 했어.

"내가 언제 당신 밭에 들어가 무를 훔쳤다고 그래? 이게 당신 거라고? 당신이 부르면 이 무들이 대답이라도 하나?"

그리고 그날 밤 아큐는 마을을 떠나 성 안에 들어가기로 결심했어.

"여기는 희망이 없어. 성 안으로 들어가는 게 나아······."

짧고 허무한
전성시대

성 안에 갔던 아큐는 그해 추석이
지난 뒤 미장 마을에 다시 모습을 드러냈어. 그런데 이번에는 전과 달리 사람들의 이목을 끌었지. 전에도 몇 번 성 안을 들락거리긴 했지만 아무도 그를 관심 있게 보지 않았는데, 이번에 돌아온 아큐는 옷차림만 바뀐 게 아니라 술집에서도 척척 현금을 냈거든. 달라진 아큐의 행색보다 더욱 놀라운 것은 그에 대한 마을 사람들의 태도였어. 마을 사람들이 난데없이 그를 존경하기 시작한 거야.

아큐가 성 안에서 거인 나리 댁에서 일을 했다고 자랑하자 그의 존재감은 한층 높아졌어. 성 안의 거인 나리의 명성은 미장 마을의 자오 씨에 비할 바가 아니었거든.

그런데 아큐는 성 안 생활이 영 불만스러웠다며 두 번 다시 가지 않겠노라 혀를 내둘렀어. 성 안 사람들이 '긴 걸상'을 '긴 의자'라고 부른다든가, 생선을 튀길 때 파를 잘게 썰어 넣는다든가, 여자들이 걸을 때 엉덩이를 흔든다든가, 영 못마땅한 일이 한두 가지가 아니라면서 말이야. 사람들은 아큐의 결정이 못내 아쉽다는 표정들을 지었지.

가끔 아큐는 마을 사람들 앞에서 성 안에서 혁명 당원들이 공개 처형당하는 장면을 실감나게 묘사하기도 했어. 그런 아큐의 위세가 얼마나 대단했던지 그를 자오 나리와 거의 동등한 수준으로 생각하는 이들도 있었지.

그런 아큐가 성 안에서 가져온 진귀한 물건들을 싼값에 팔자 그의 인기는 그야말로 하늘을 찌를 듯 높아졌어. 우 어멈 사건 때만 해도 길에서 아큐와 마주치면 얼굴을 붉히고 도망가기 바빴던 마을 여인들까지 비단 치마나 모슬린 홑옷을 팔라고 졸라대며 그를 따라다니곤 했으니까 말이야.

마침내 아큐의 소문은 자오 나리 댁에까지 퍼졌어. 그러자 그에게 내려졌던 금족령이 일시적으로 풀리고 당장 그를 모셔 오라는 나리의 엄명이 떨어졌어. 나리 댁에서도 필요한 물품이 있었던 거야. 그런데 웬일인지 자오 나리 댁에 불려간 아큐는 더 이상 팔 물건이 없다며 우물쭈물 뻗대기만 했어. 이런 미심쩍은 태도는 자오 나리의 심기를 불편하게 한 것은 물론이었고, 마을 사람들의 의심을 사기에 충분했지.

그 후 뜻밖의 놀라운 사실이 드러났는데, 글쎄 아큐가 성 안에서 했던 일이 부잣집을 터는 도둑 떼의 망을 보아 주는 일이었다는 거야.

마을 사람들 모두가 이 사실을 알게 되었어.

하지만 예전처럼 아큐를 '왕따'시킬 수도 없었고, 그렇다고 그를 두려워할 필요도 없어졌지. 왜냐하면 두 번 다시 도둑질하러 가지 않겠다고는 했지만 아큐는 여전히 해코지가 염려되는 도둑이었고, 다른 한편으로는 그가 굉장한 성공을 거둔 듯 거드름을 피웠지만 실은 한낱 좀도둑의 하수인에 불과했기 때문이야.

혁명 시대에 임하는
아큐의 자세

그러던 어느 날 밤, 시커먼 큰 배 한 척이 자오 나리 댁이 있는 강기슭에 왔다가 새벽 무렵 돌아가는 것을 마을 사람 몇몇이 목격했어. 결국 그 배는 성 안의 거인 나리 것임이 밝혀졌지. 이런저런 낭설이 떠돌았지만 분명한 사실은 성 안에 혁명당이 들어왔다는 것이었어. 사람들은 혁명당이 무엇인지 정확히는 몰랐지만 청 왕조를 무너뜨리려는 무리로 흰 투구에 흰 갑옷을 입고 다닌다는 사실은 알게 되었지.

아큐는 전에 성 안에 들어갔을 때 혁명당이라는 말을 들어 보기도 했고, 그들이 처형되는 장면을 본 적도 있었어. 어디서 얻어들은 생각인지는 몰라도 그에게 혁명당이란 반란을 일삼는 무리이며 반란은 곧 그에게 고난을 안겨 주는 것이었지. 그런데 웬일인지 미장 마을의 어중이떠중이는 물론이고, 백 리 사방에 명성을 떨치는 거인 나리까지 혁명당에 벌벌 떠는 것이 아니겠어! 그런 모습을 보던 아큐는 기분이 점점 흐뭇해졌고, 급기야 이런 생각까지 하게 되었지.

'나도 혁명당에 들어가야지!'

술까지 한잔 걸친 아큐의 입에서는 절로 노래가 나왔어.

"이제 갖고 싶은 건 다 내 것, 맘에 드는 여자도 다 내 것! 덩기덩기덩더쿵! 후회해도 소용없네…… 쇠 채찍으로 널 치리니……."

몇몇 집안사람들과 혁명에 대해 토론하다가 그 모습을 본 자오 나리가 겁을 먹고 아큐를 불렀어.

"아큐 선생!"

자기 이름 뒤에 '선생' 자가 붙으리라고는 상상도 못 한 아큐는 계속 노래만 불렀어. 할 수 없이 수재 도령이 "아큐!"라고 부르자 그제야 알아듣고 고개를 돌렸지.

"뭐요?"

"아…… 큐 형, 우리 같은 가난뱅이 동무들은 괜찮겠지요?"

"가난뱅이 동무라고? 당신은 나보다 돈이 많아!"

아큐는 이 말을 남기고 사라졌어. 그날 밤 아큐는 마음이 들떠 잠을 이루지 못하고 밤새 한없는 공상의 나래를 펼쳤지.

"반란? 재미있겠는걸. 흰 갑옷에 흰 투구의 혁명당이라……. 저마다 청룡도며 쇠 채찍, 폭탄, 총, 칼, 갈고리, 창을 들고 오겠지? 그리고 사당 앞을 지나며 '아큐! 함께 가세!' 하고 날 부르겠지! 그럼 온갖 어중이떠중이들이 무릎을 꿇고 '아큐! 제발 목숨만은 살려줘!' 하고 소리칠 테지. 쳇! 누가 들어 준대? 참, 빼앗은 물건들은 다 어쩐다? 말굽 모양 은돈에 모슬린 홑옷들……, 먼저 수재 마누라의 닝보(중국 저장성 동쪽 융장 강 하류에 있는 도시 이름)식 침대를 사당으로 옮겨야겠다. 치엔 씨네 탁자와 의자를 가져다 쓸까? 아냐, 자오 씨네 것이 나을지도 몰라. 아! 우 어멈은 너무 오래 못 봤는데, 대체 어디 간 걸까? 근데 우 어멈은 아무래도 발이 너무 커."

이런 저런 공상을 하다 보니 다음 날 그는 꽤 늦게 일어났어. 느지막이 어슬렁어슬렁 길거리에 나가 보았는데 달라진 것은 아무것도 없었어. 배가 고픈 것도 여전했지. 그의 발길이 예전에 무를 훔쳐 먹었던 정수암에 닿았어. 정수암 대문을 부숴 버리기라도 할 듯 한참을 쾅쾅 두드리자 늙은 비구니 스님이 울면서 문을 열어 주었어. 아큐는 자신 없는 목소리로 더듬거렸지.

"혁명이야……. 알고 있어?"

"혁명이라고? 혁명은 벌써 끝났어. 너희가 어떻게 우리를 혁명하겠다는 거지?"

"뭐라고?"

아큐는 무슨 말인지 이해할 수 없었어.

"저 수재와 가짜 양놈이 벌써 혁명을 해 버렸다니까!"

아큐는 깜짝 놀랐어. 알고 보니, 혁명당이 마을에 들어왔다는 소식을 들은 자오 나리 댁의 수재가 지난밤에 평소 사이가 좋지 않던 '가짜 양놈'을 찾아가 혁명 동지가 되기로 의기투합했던 것이야. 그들은 정수암에 있는 '황제 만세, 만만세!'라고 쓰인 비석을 부숴 버리는 일로 혁명을 시작했어. 그리고 그 비석을 산산조각 내는 데 그치지 않고 비구니 스님을 실컷 때려 준 다음, 관음상 앞에 있던 선덕 향로를 가져가 버렸어. 아큐는 그들이 자신을 불러 주지 않은 게 무척 괘씸하면서도 한편으로는 이런 의문이 들기 시작했지.

"설마, 놈들이 내가 혁명당에 가담했다는 걸 아직 모르는 건 아니겠지?"

혁명당이 마을에 입성하긴 했지만 크게 달라진 점은 없었어. 지사나리도 명칭만 바뀌었지 그대로였고, 군대 책임자도 예전의 늙은 부대장이 그대로 맡았어. 새로운 점은 거인 나리가 관직에 올랐다는 것과, 몇몇 난폭한 혁명 당원이 몹쓸 짓을 하며 돌아다녔다는 것 정도였어.

달라진 풍경도 있었는데 미장 마을에 변발을 틀어 올린 사람이 하나 둘 생겨난 거였어. 변발을 올린 사람을 보면 마을 사람들은

"야아! 혁명당이 오셨다."

라며 떠들어댔지. 어느 날 아큐도 용기를 내어 대젓가락으로 변발을 둘둘 말아 올리고 밖으로 나갔어. 그러나 사람들은 힐끗 쳐다만 볼뿐, 아무 말도 하지 않았지. 아큐는 뭔가 모를 불쾌감을 지울 수가 없었어.

사실, 그의 생활은 혁명 전에 비하면 나쁘지 않았고, 그를 대하는

사람들의 태도도 비교적 공손해졌지. 그러나 어쩐지 이 정도로는 성에 차지 않았어. 게다가 일전에 소디가 자기처럼 대젓가락으로 변발을 틀어 올리고 있는 것을 보았을 때는 똥물을 뒤집어쓴 기분마저 들었지.

"분수도 모르는 게 감히 혁명당이 되려고?"

변변찮은 놈이 자기 흉내를 내다니 참을 수가 없었던 거야.

그러는 사이 약삭빠른 자오 댁 수재가 가짜 양놈에게 은화 4원을 주고 혁명당에 입당하는 일이 있었어. 수재 도령의 저고리에 입당을 증명하는 복숭아 모양의 은 배지가 반짝거리자 마을 사람들의 탄복과 놀라움은 극에 달했지. 자오 나리도 아들이 수재에 급제했을 때보다 거드름이 더욱 늘었어. 그는 아큐를 만나도 본체만체했지.

아큐는 이제야 자신이 냉대받는 진짜 이유를 알 것 같았어.

"혁명을 한다면서 입으로만 입당해서는 안 돼. 변발이나 틀어 올려서는 안 되는 거야. 당장 혁명당과 사귀어야 해."

결국 그는 큰맘 먹고 가짜 양놈을 찾아가게 되었어.

가짜 양놈, 아니 서양 선생은 검은 옷에 수재처럼 복숭아 모양의 은 배지를 달고 사람들 앞에서 뭔가 연설을 하고 있었어. 아큐는 언제 그에게 말을 걸어야 할지 몰라 연설이 끝나기를 기다렸지만, 연설은 끝날 기미가 보이지 않았어. 할 수 없이 용기를 내어 말을 걸었지.

"저어……, 근데……."

"뭐야?"

"저어……."

"나가!"

"저도 참가하려고……."

"꺼져!"

서양 선생은 급기야 몽둥이를 들었고 그곳에 있던 다른 사람들까지 모두 덤빌 기세였어. 다급히 그곳을 빠져나와 한참을 도망친 아큐는 문득 서러운 생각이 복받쳤지. 서양 선생이 그에게 혁명을 허락하지 않는다면 다른 길은 없다고 생각했거든. 흰 투구에 흰 갑옷을 입은 사람이 그를 데리러 오는 일도 없게 되었다고 생각하니 그의 희망 또한 물거품처럼 사라져 버리는 듯했어.

아큐의 말로와
때늦은 자각

그러던 어느 날 자오 씨 댁이 한밤 중에 크게 털리는 사건이 벌어졌어. 호기심 많은 아큐도 그날 밤 이상한 소음을 듣고는 잠자리를 박차고 밖으로 나왔다가, 자오 씨 댁에서 물건들이 털려 나가는 것을 직접 목격했어. 옷장이며 가구며 닝보식 침대며 빠져나가는 물건들이 상당한 양이었지. 그런데 더욱 놀라운 장면은 도둑들이 바로 흰 투구와 흰 갑옷을 입은 사람들이었다는 거야. 아큐는 자기를 부르지 않은 그 도둑들이 야속하고 괘씸했어.

"어떻게 저 물건들 중에서 내 몫이 없을 수 있어?"

그런 일이 있고 나흘 뒤 아큐가 별안간 군대와 경찰들에 붙들려 성 안 감옥에 갇히게 되었어. 아큐는 좀 불안하긴 했지만 사당에 있는 자신의 침실도 이 감방보다 나을 게 없다며 애써 담담한 척했지. 감방

동료 중 한 사람은 할아버지 대에 밀린 소작료 때문에 거인 나리에게 고소당했고, 다른 한 사람은 무슨 일로 붙들렸는지 영문을 모른다고 했어. 그런데 아큐는 서슴없이 대답했어.

"혁명을 좀 했지요."

그날 오후 아큐는 두루마기를 입은 사람들 앞에 끌려갔어. 제일 높은 자리에는 머리를 빡빡 민 늙은이가 앉아 있었고, 아래쪽에는 사병들이 늘어서 있었어. 모두 인상이 험상궂었지. 그들 앞에 서자 그동안 당당했던 아큐는 갑자기 무릎의 힘이 빠지면서 자기도 모르게 그 자리에 꿇어앉고 말았어.

"서서 말씀드려라! 꿇어앉으면 안 된다!"

그러나 아큐는 몸이 절로 졸아들며 일어설 수가 없었어. 그때 누군가의 비아냥이 들려왔지.

"노예근성!"

관청 사람들은 아큐가 자오 씨 댁을 약탈한 무리라 보고 사라진 물건과 도둑 일당의 행방을 추궁했어. 그러나 아무것도 알지 못하는 아큐로서는 아무 대답도 해 줄 수가 없었지. 경찰의 취조에 아무 할 말이 없는 것은 그 이튿날도 마찬가지였어. 그러자 누군가 그에게 종이한 장과 붓을 가지고 와 서명을 하라고 하는 거야. 난생처음 붓을 쥐어 본 아큐로서는 그저 난감하고 부끄러울 따름이었지.

"저…, 저는…… 글을 모르는뎁쇼……."

"그럼 동그라미를 하나 그리든지."

　아큐는 남들에게 웃음거리가 될까 봐 염려하며 혼신의 힘을 다해 동그라미를 그렸어. 하지만 무거운 붓이 말을 듣지 않아 결국 수박씨 모양을 그리는 데 만족해야 했지.

　그런데도 아큐는 크게 흔들리지 않았어.

　"사람이 살다 보면 감옥에 들어가는 일도 있고, 종이 위에 동그라미를 그려야 할 때도 있는 법! 다만, 동그라미를 제대로 그리지 못한 게 내 일생의 오점이지만, 아마도 손자 대가 되면 완전한 동그라미를 그릴 수도 있겠지."

이튿날에도 아큐는 불려 나가 취조를 당했지만 아는 게 전혀 없으니 그저 모른다는 답변만 할 뿐이었어.

"아무 할 말이 없느냐?"

"없습니다."

잠시 후 긴 옷차림과 짧은 옷차림의 여러 사람이 다가와 그에게 검은 글씨가 쓰인 흰 조끼를 입혔어. 상복을 연상시키는 그 옷을 보고 아큐는 기분이 몹시 나빠졌지. 그는 사방이 뚫린 수레에 올라가게 되었어. 앞에는 총을 멘 병사들이, 양쪽에는 넋이 나간 구경꾼들이 있었지.

그제야 아큐는 덜컥 겁이 났어.

'아니, 이거 내 모가지 자르러 가는 거 아냐?'

순간 눈앞이 캄캄해지고 귀가 멍멍해지면서 정신을 잃을 것만 같았지. 그러나 아큐의 정신승리법이 어디 가겠어? 그는 애써 침착하려 애쓰며 이렇게 생각했어.

'살다 보면 목이 잘리는 일도 있는 법……! 어? 근데 이 길은 형장 가는 길이 아닌데……?'

그래. 아큐를 태운 수레는 먼 길을 돌아 형장을 향하고 있었어. 죄지은 사람을 동네방네 끌고 다니며 망신시키려는 의도였지. 구경꾼 무리에서 반가운 우 어멈의 얼굴도 보였어.

아큐는 사람들의 시선이 온통 자기에게 쏠리는 이런 상황에서는 노래라도 한 곡 씩씩하게 뽑는 게 마땅하다고 생각했지. 그런데 도무지 적당한 노래가 생각나질 않는 거야. 「청상과부의 성묘」는 당당하지

제 탓이지 뭐

못하고 「용호상쟁」 중의 '후회해도 소용없네…….' 는 따분해 보였어. 결국 '쇠 채찍으로 네놈을 치리라'를 부르자고 생각했지만 손이 묶여 있는 자신의 꼴에는 어울리지 않는 곡 같았지.

그러던 중 그의 입에서는 느닷없이

"이십 년이 지나 또 한 사람……."

이라는 한 번도 입에 담아 본 적 없는 노랫말이 튀어나왔어. 그때 군중 속 어디선가 추임새가 들려왔지.

"잘한다!"

쳇!

재미
없어!

순간 아큐의 뇌리 속에는 사 년 전 산기슭에서
마주친 굶주린 늑대 모습이 떠올랐어. 그 늑대는
가까이 오지도 않고 멀리 떨어지지도 않은 채 일정한
거리를 두고 그의 뒤를 계속 쫓아왔어. 영원히 그의
뒤를 따라와 끝내 잡아먹을 것만 같았지. 아큐는
무서워서 죽을 지경이었지만 손에 쥔 도끼 한 자루를 믿고
미장까지 돌아올 수 있었어.

그때 간신히 목숨은 건졌으나 그 서늘한 늑대의
눈빛만큼은 그 후로 영영 잊을 수가 없었어.
흉악하면서도 비겁한 그 눈빛이 멀리서도 그의
살을 뚫을 것만 같았거든.

그런데 지금 그를 따라오는 군중들의 눈빛에도 뭔가
늑대의 눈빛과 비슷한 것이 있었어. 둔한 듯하면서도
서슬 퍼런, 그의 몸뚱이를 씹어 먹어도 성에 차지
않을 듯한 야수 같은 눈빛이라고나 할까?
그에게서 멀어지지도 가까워지지도 않으며 그의
뒤를 쫓고 있는 저 눈빛들이 그의 영혼을 삼키려고
덤벼들었어.

노래
한곡이나
봄을
것이지!

"사람 살려……!"
어쩌면 아큐 생애에 유일하게 진실했을 법한 그 마지막
절규는 안타깝게도 그의 목구멍 안으로 사그라져 버렸어.

눈앞이 캄캄해지고 귀가 멍멍해지는 것은 물론이었고, 목소리마저 나오지 않았지. 그의 몸도 곧 공중 분해되어 먼지처럼 흩어지게 될 거였어.

아큐의 죽음에 대해 사람들은 그건 모두 아큐 탓이라고 말했어. 그가 나쁘지 않았다면 총살당할 이유가 없다는 게 그들의 논리였지. 그들은 오히려 총살은 목을 베는 것보다 재미가 없다느니, 그리 오래 사형수를 따라다닌 보람도 없이 끝내 사형수의 노래 한 곡 못 들었다느니 불만이 많았어.

2장

『아Q정전』이
말하고 있는 것

『아Q정전』은 1921년 12월 4일부터 1922년 2월 12일까지 베이징 신문 「천바오」에 주 1회 혹은 격주로 연재되었던 소설이야. 9개의 장으로 된 이 소설은 훗날 루쉰의 첫 번째 소설집 『납함』에 실렸고 영어, 러시아어, 프랑스어, 일본어, 한국어 등으로 번역되어 전 세계 수많은 독서가들의 사랑을 받아왔지.

그런데 『아Q정전』이 세상에 나온 것은 우연이었어. 어느 날 신문사 기자가 루쉰을 찾아와 '개심화'라는 코너에 실을 재미있고 현실 풍자적인 이야기를 써 달라고 청탁한 일이 계기가 되었지. 처음엔 가볍게 시작한 이야기가 뒤로 갈수록 내용도 점점 진지해지고 분량도 늘어나서 본격적인 문예 작품이 된 거야.

당시 지식인들 사이에서는 '아큐가 누구인가?'를 놓고 상당히 말이 많았다고 해. 때로는 자만심에 가득 차 거만하게 굴다가도 자기보다 강한 사람 앞에서는 순식간에 비굴해지는 아큐의 모습은 다름 아닌 바로 모든 지식인들의 자화상이었거든. 『아Q정전』이 연재될 무렵에는 작가가 루쉰임을 아는 사람이 거의 없었기 때문에, 행여 자신의 정적이 소설이라는 형식을 빌려 자신을 모함하거나 비판하려는 게 아닌지 겁먹은 사람이 한둘이 아니었다고 해. 아큐의 여파가 얼마나 강했는지 짐작할 만하지?

그래. 많은 사람이 '아큐는 바로 나다.'라고 느꼈던 거야. 바꿔 말해 '내 안에 아큐가 있다.'는 뜻이지. 사실 어리석고 비굴하고, 그러나 헛된 자만심에 고개 숙일 줄 모르는 아큐의 모습은 누구나의 나약한 모습이기도 하거든.

누구나 살면서 한 번쯤 나보다 약한 사람들을 대할 때 무시하거나 업신여겨 본 적이 있을 거야. 나보다 힘이 세거나 돈이 많거나 높은 위치에 있는 사람들을 보면 무조건 존경하며 나 자신을 낮추는 행위처럼 말이야. 그런가 하면 뻔히 나쁜 결과가 보이는데 잘못에 대해 반성도, 바로잡을 생각도 하지 않고 무조건적인 자기 위안과 대책 없는 합리화에 빠지기도 해. 좀처럼 패배를 인정할 줄 모르는 아큐의 '정신승리법'이

바로 그런 것이지.

그런 의미에서 아큐는 오래전 중국에 살았던 한 무지렁이 시골 사람만은 아니야. 그는 지금도 내 안에서 숨 쉬고 있는 일그러진 나의 자화상일 수 있어. 아무렇지도 않게 생각하고 그냥 지나쳐 버렸던 내 안의 부끄러운 모습을 우리는 아큐라는 인물에게서 발견하게 될지도 몰라.

정신승리법 :
내 결점을 인정할 수 없다

『아Q정전』에서 가장 인상적인 말은 아마도 '정신승리법'일 거야. 얼핏 보면 '정신이 승리한다는 건데 좋은 말인 것 같다.'라고 생각할 수도 있어. 하지만 잘 읽어 보면 그건 아큐의 비겁한 처세술임을 알 수 있을 거야. 사실 아큐를 허무한 죽음으로 몰고 간 것도 바로 정신승리법이라고 할 수 있거든. 이에 대해 좀 더 자세히 알아보기로 해.

정신승리법이란 논쟁이나 싸움에서 패배했음에도 불구하고 자신이 승리했다고 생각하면서 만족하는 자기 위안적인 태도를 말해. 좀 어려운 말이지만 심리학에서는 일종의 자기 합리화를 통해 무의식적으로 자신을 보호하는 심리 의식이나 행위를 '방어기제'라고 부르는데, 정신승리법 역시 일종의 방어기제라 할 수 있을 거야. 지금 우리 시대에도 정신승리라는 말을 자주 사용하곤 하는데 그 말의 기원이 루쉰의 『아Q정전』에 있다는 걸 이제 알겠지?

아큐의 태도를 한번 곰곰이 살펴보자꾸나. 동네 건달들에게 놀림을 당하고 머리를 벽에 찧기는 수모를 겪고서도, 자식 놈에게 맞은 걸로 치겠다고 아무렇지 않은 듯, 배포가 남다른 척했지. 도박판에서 딴 돈을 몽땅 도둑맞은 뒤에는 어떻게 했지? 자기 뺨을 세게 때리면서 다른 사람 뺨을 때리는 듯한 쾌감을 느끼며 오히려 의기양양해졌지. 어떤 패배도 승리로 전환시켜 버리는 기가 막힌 아큐만의 방법이 바로 정신승리법인 거야. 그러면서도 자신은 자신을 경멸하는 데 일인자라며 뿌듯해 했지.

왕털보한테 얻어터진 데 이어 가짜 양놈한테 몽둥이찜질을 당한 뒤에는 어떻게 했지? 아큐는 패배의 원인을 생각해 보는 대신 굴욕적인 패배감을 씻기에만 급급했어. 그래서 자기보다 약한 비구니 스님을 희롱하며 승리감에 도취되었지.

심지어 억울한 누명을 쓰고 감옥에 들어가 곧 죽게 되고, 서명 대신 찌그러진 동그라미를 그려야 하는 수치를 당하면서도 아큐는 자신의 현실을 인정하지 않았어. 오히려 사람이 살다 보면 감옥에 갈 때도 있고 동그라미를 그려야 할 때도 있는 법이라며 배짱 두둑한 척했지. 아큐의 정신승리법은 바로 이런 거야.

물론, 정신승리법은 너무나 가난하고 아무 기댈 데 없는 무식한 아큐로서는 당당하게 살아갈 수 있는 힘이 되긴 했어. 그러나 그것은 거짓 당당함이었던 거야. 실은 그의 삶은 바보 같은 결말로 흘러가고 있었고, 곧 목이 잘릴 위험에 처하게 되지만 그놈의 정신승리법이 그런 위험한 현실을 보지 못하게 만들었거든. 바꿔 말하면, 정신승리법은 현실을 외면하고 자기만의 우물 안 세계에서 안심하고 살다가 허무한 죽음에 이르게 하는 정신의 암 같은 것이겠지.

아큐는 패배를 모르는 사내였지. 그가 항상 성공만 한다는 말이 아니라 패배를 시인하지 않는다는 말이야. 사실 아큐가 경멸하고 무시했던 왕털보와 가짜 양놈은 아큐보다 결코 모자란 사람들이 아니었어. 건장하기로는 왕털보가 아큐를 능가했고, 똑똑하기로도 가짜 양놈이 한참 우위에 있었거든. 정신승리법이 이런 현실을 보지 못하게 하고 그들을 과소평가하게 만든 거야. 싸움에서 져도 그것을 패배로 보지 않고 오히려 승리로 보게 한 것이지.

그래서 아큐가 생각하는 자신과 마을 사람들의 눈에 비친 아큐는 전혀 다른 존재일 수밖에 없었지. 아큐가 생각하는 자신의 모습은 허황되기 그지없었어. 자신이 본래 자오 가문 사람이라는 둥, 수재 도령보다 항렬이 높다는 둥 툭하면 거짓말을 늘어놓았지.

아큐는 자신이 본래 가문도 좋고 한때는 대단했던 완벽한 인간이므로 어떤 고난이나 역경이 닥쳐도 늘 승리가 보장되어 있다는 식으로 근거 없는 자신감에 빠져 있었어. 게다가 이런 현실과 상상 사이의 괴리를 메우기 위해 현실에서의 패배는 형식적인 것에 불과하고 진정한 승리는 정신적인 것에 있다고 믿기에 이르렀지. 하지만 정신적인 승리만으로 현실을 바꿀 수는 없었어. 물론 심리적인 위안은 되었겠지만, 현실의 문제를 그런 식으로 외면하다 보니 삶이 나아질 길은 영영 찾을 수 없었던 거야.

그러나 아큐에게만 손가락질할 일은 아니야. 정신승리법이 과연 아큐만의 처세술일까? 잘 생각해 봐. 우리도 알게 모르게 종종 정신승리법을 사용하며 살아가고 있다고.

시험 성적이 좋지 않게 나왔다면 자신의 부족한 실력을 인정하는 대신 "난 머리는 좋은데 공부가 재미없어서 하지 않았을 뿐이야."라고 변명하지. 약한 친구들을 괴롭히는 못된 아이들을 못 본 척 외면하면서 "똥이 무서워서 피하나? 더러워서 피하지!"라고 자신의 행동을 합리화해. 열심히 노력한 친구가 성공한 것을 질투하면서 "저애는 실력은 나쁜데 운이 좋은 거야. 사실 실력은 내가 더 좋지."라고 빈정거리기도 해. 이런 게 다 정신승리법에 해당해.

정신승리법은 잠깐의 위안은 줄 수 있겠지만 우리 삶을 더 나은 것으로 바꿔 주지는 않아. 아큐가 사람들의 조롱과 가난, 그리고 허무한 죽음을 끝내 벗어나지 못한 것처럼 말이지. 아큐는 억울하게 감옥에 갇혀 터무니없는 죽음의 문서에 서명하는 순간까지도 현실을 올바로 이해하지 못했어. 그러다 보니 "살다 보면 감옥에 들어올 일도 있지."라며, 손자 대가 되면 동그라미를 잘 그릴 수 있을 거라는 한심한 희망을 품는 게 그가 찾아낸 방법의 전부였지.

정신승리법은 자신의 능력을 과대 포장하는 반면 남의 능력은 과소평가하는 특징이 있어. 달리 말하면, 자신의 결점은 사소한 것으로 축소시키고, 타인의 단점은 털끝만 한 것도 엄청나게 심각한 잘못으로 확대하여 용납할 수 없는 것으로 만들어 버려. 자신의 머리에 허옇게 난 부스럼 자국은 아무것도 아니지만, 왕털보의 얼굴에 난 덥수룩한 수염은 꼴불견이라며 경멸한 아큐처럼 말이지.

자기 자신에게는 관대하고 남에게는 엄격한 이런 태도는 사실 우리 안에도 있어. 우리 속담 중에, "똥 묻은 개가 겨 묻은 개를 나무란다." "남의 눈에 낀 눈곱은 보면서 내 눈에 낀 들보는 보지 못한다."라는 말 또한 그런 이중적인 태도를 꼬집고 있지. 정도의 차이가 있을 뿐 우리에게도 나와 세상을 이중적인 잣대로 판단하는 모순된 면이 있어. 아큐는 우리 안에 있는 이런 모습을 깨닫게 하기 위해 루쉰이 만들어 낸 극단적인 사례라고 할 수 있지.

　곰곰이 한번 자신을 생각해 봐. 내 결점은 아무렇지 않고, 남의 단점만 심각하게 여기고 있지 않은지. 불의나 부당함 앞에서 침묵하는 자신의 모습이 비굴하고 소심한 것은 아닌지. 그러면서 온갖 핑계를 대며 나 자신을 더 나은 인간으로 만들어 나가기 위한 노력을 게을리하고 있는 것은 아닌지.

노려보기주의 :
자기 인생에 대한 게으름

아큐는 자신의 못난 모습을 그대로 유지하기 위해 정신승리법이라는 처세술을 선택했어. 자신의 문제점과 비참한 현실을 직시하고 싶지 않고, 설령 그것을 안다 해도 바꿀 생각이 없다는 의미지. 그러니 아큐에게 현실은 늘 일촉즉발 위험한 상황의 연속이었어. 얕잡아 보던 왕털보에게 오히려 머리끄덩이를 잡히고, 자오 나리나 가짜 양놈에게 두들겨 맞기 일쑤였지. 이만 하면 대책을 세울 법도 한데, 아큐는 절대 무너지지 않았어. 그래서 위기를 모면하기 위해 아큐가 선택한 전략은 상대를 노려보는 것이었지.

미장 마을 건달들은 툭하면 아큐를 가지고 놀려대곤 했어. 아큐가 그들의 상대가 안 된다는 걸 알고는 더욱 신이 나서 아큐를 골탕 먹인 거야. 그런데 아큐는 어떻게 대응했지? 그래. 그냥 그들을 노려보기만 할 뿐 다른 노력은 하지 않았어. 건달들에게 이유 없이 당하고 자존심이 무참히 짓밟히는 상황이 부당하다고 느껴진다면 최소한 똑부러지게 항의라도 하는 용기를 냈어야 하지 않을까? 노려만 보는 거로는 아무런 해결이 되지 않아.

누군가에게 부당한 대우를 받고도 가만히 있는 태도는 자기 삶에 대한 태만이자 엄연한 잘못에 해당해. 최소한 용기를 내어 항의하거나 맞서 싸워 보려는 노력이라도 해야지. 물론 폭력으로 맞서라는 뜻은 아니야. 잘 생각해 보면 지혜로운 해결책이 분명 떠오를 거야.

아큐는 게으른 자신에 대해 이런 식으로 변명하곤 했지. "나한테 해를 끼치는 저놈이 나쁘고, 너그럽게 용서하는 나는 대인배다!"라고. 그러나 이런 식으로 자신을 위로하고 설득한다고 해서 부당하고 억울한 현실을 피할 수도 없거니와 자기 자신을 위험으로부터 보호할 수도 없어. 나 자신을 보호하고 더 나은 삶으로 나아가기 위해서는 불의에 당당히 맞서는 용기, 나 자신의 능력을 키우려는 의지와 노력이 필요해.

어느 날 아큐가 왕털보한테 괜한 시비를 걸었다가 크게 얻어맞은 사건이 있었어. 그 상황에서도 아큐는 왕털보를 노려보며 이렇게 말했지.

"군자는 말로 하지, 손찌검은 하지 않는다!"

실컷 얻어맞는 수모를 당한 아큐가 고작 항변한 것이 왕털보가 군

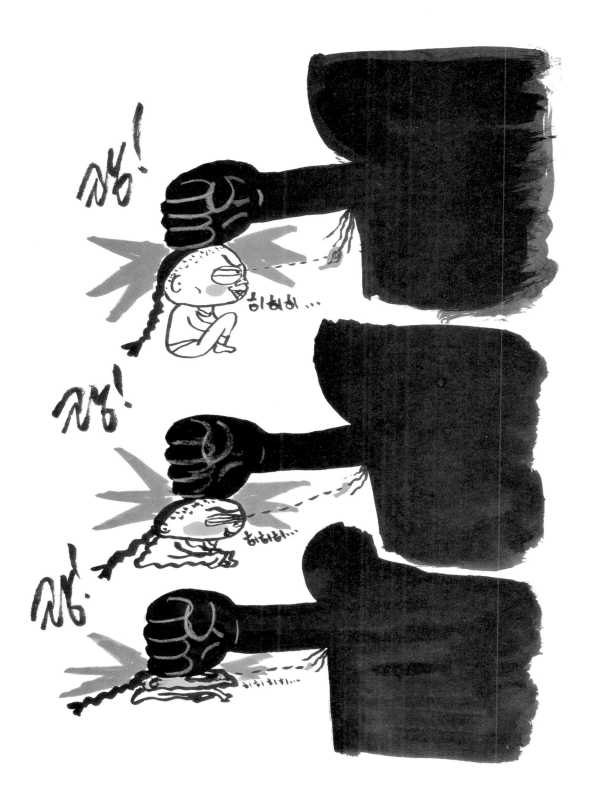

자가 아니라는 말인데, 사실 그들 중 어느 누구도 군자는 아니지. 세
상에, 어떤 군자들이 봄날 양지바른 남의 집 담벼락에 기대 앉아 경쟁
적으로 이를 잡다가 주먹다짐을 하겠어?

약자 괴롭히기 :
가짜 승리감에 도취되다

              정신승리법과 노려보기주의를 삶의 해법으로 채택한 아큐의 내면에는 어떤 상황에서든 승리감에 도취되겠다는 막무가내 심리가 자리 잡고 있었어. 패배를 하든 굴욕을 당하든 중요한 것은 현실이 아니라 삐뚤어진 방법으로라도 승리감을 맛보고 의기양양해지겠다는 의미지.

    『아Q정전』을 읽다 보면 아큐가 '의기양양해졌다'는 말이 자주 나온단다. 의기양양이란 뜻한 바를 이뤄 만족해졌다는 의미지. 다시 말해 원하는 일에 성공했고 승리감을 만끽했다는 거야. 그런데 참 이상하지? 아큐가 승리감을 만끽할 정도로 성취한 일은 거의 없었거든. 분명 무언가 거짓이 있는 것 같아. 아큐를 의기양양하게 만든 사건들에 대해 좀 더 자세히 살펴보도록 하자.

아큐가 하루에 두 번이나 연달아 굴욕을 당한 사건 기억해? 평소한 수 아래로 깔보던 왕털보한테 머리끄덩이를 붙잡히고, 이어서 가짜 양놈이라 무시했던 서양 선생에게 몽둥이로 머리를 두들겨 맞은날이 있었지. 사실 아큐는 그 두 사건에서 엄청난 패배감과 모멸감을느꼈어. 그런데 그 일을 다시 곱씹어 보고 대책을 마련하는 대신 아큐는 어떻게 했지? 우연히 만난 비구니 스님 앞에 침을 뱉고, 머리를 만지고 볼을 꼬집으며 희롱했어. 그 모습을 지켜보던 사람들이 낄낄대며 웃자 아큐는 자신이 당한 굴욕을 만회한 듯 승리감에 도취되어 의기양양해져 걸어갔지.

'종로에서 빰 맞고 한강 가서 화풀이하는' 격이지. 왕털보와 가짜양놈에게 굴욕을 당하고는 아무 죄 없는 연약한 비구니 스님을 상대로 풀어 버린 거야. 다음 날 자오 씨 댁에서 하인 우 어멈을 희롱한 사건도 마찬가지였지. 비구니 스님을 희롱한 뒤 갑자기 여자 생각을 하게 되고 우 어멈에게 다짜고짜 같이 자자고 덤볐다가 온 마을의 비난을 한 몸에 받는 흉악범 처지가 되고 말았어. 힘없는 여자를 만만한대상으로 노리고 자신의 욕망을 해소하려는 아큐의 태도는 정말 비겁하기 짝이 없지 않니?

이처럼 아큐가 정신승리법의 위기를 보상받기 위해 선택한 또 다른 방법은 바로 약자 괴롭히기야. 일반적으로 여자, 어린이, 노인, 외국인, 장애인, 동성애자, 가난한 사람 등을 우리는 '사회적인 약자'라고 불러. 여자는 남자에 비해, 어린이는 어른에 비해, 노인은 젊은이

에 비해, 외국인은 내국인에 비해, 장애인은 비장애인에 비해, 동성애
자는 이성애자에 비해, 가난한 사람들은 부자들에 비해 힘이 약하고,
권력으로부터도 멀리 떨어져 있지. 이런 약자들을 편견을 가지고 바
라보면서 쉽게 폭력을 행사하는 사람은 바로 아큐 같은 비겁한 자들
일 수 있어. 거짓 승리감에 도취되려고 죄 없는 약자를 공격하고 괴롭
히는 거지.

아큐도 그랬어. 자신이 일인자라는 생각을 굳히려고 자신보다 약한 비구니 스님과 우 어멈을 희롱했지. 자신보다 명백히 강한 힘과 권력을 가지고 있는 자오 나리나 경찰에게는 비굴한 모습을 보인 반면 약자들에게는 잔인하고 무례한 태도를 보인 거야. 이런 모습에 대해 우리 자신도 한번 진지하게 생각해 봐야 해.

나보다 공부를 못하거나 가난한 친구를 업신여긴 적은 없을까? 장애가 있는 사람들이나 이주 노동자들을 편견의 시선으로 바라보지는 않았을까? '어디 여자가 감히' '장애인이 무슨' 등등의 생각을 한 적은 없을까? 부모가 부자이거나 높은 자리에 있는 아이들에게는 무조건 순순히 굴면서, 반대로 힘없고 가난하고 무언가 부족한 친구들에게는 이유 없이 함부로 하고 괴롭힌 적은 없는지 곰곰이 생각해 보자꾸나. 만약 한 번이라도 그래 본 적이 있다면 그 순간 나 역시 아큐인 거야.

아큐의 약자 괴롭히기에 희생당한 또 한 사람이 있었는데, 그는 바로 늘 자신보다 한 수 아래라고 깔보던 소디였어. 아큐는 일거리가 뚝 끊겨 생계가 막막해지자 이를 소디 탓으로 돌리며 그를 원수처럼 여겼지. 사실 그가 마을에서 왕따를 당한 것은 소디 때문이 아니라 자신이 우 어멈을 희롱한 탓이었거든. 그 일로 인해 아큐의 일감이 소디에게 돌아가기 시작하자 아큐는 모든 문제를 소디 탓으로 돌리고 그에게 불같은 적대감을 품게 되었지. 왕털보보다 한 수 아래인 그 삐삐 마른 애송이에게 밥그릇을 빼앗겼다는 생각에 자존심에 큰 상처를 입은 거야.

어느 날 길에서 소디를 만난 아큐는 먼저 싸움을 걸었어. 소디는 "나는 벌레야. 그럼 됐지?"라면서 그 자리를 피하려 했지만 아큐는 소디의 머리채를 잡고 놓아 주질 않았어. 꼭 닮은 두 사람의 싸움은 무승부. 한동안 대치만 하다가 싱겁게 끝나 버리고 말았지.

사실 소디와 아큐는 서로 닮은꼴의 두 인물이야. 정신승리법을 사용하지 않는 아큐의 맨얼굴이 소디라고 해도 과언이 아니지. 시비를 거는 아큐에게 "나는 벌레야. 그럼 됐지?"라고 말하는 소디나, 건달들의 괴롭힘에서 벗어나려고 "나는 벌레야. 이래도 안 돼?"라고 말하는 아큐는 크게 다를 바가 없어. 둘 다 자신보다 강한 상대에게 바로 굴복해 버릴 만큼 자존감이 낮은 사람들이지.

게다가 소디는 아큐가 생각하는 것처럼 왕털보보다 한 수 아래가 아니야. 마을의 온갖 허드렛일을 도맡아 하며 근근이 먹고 사는 무식하고 가난한 사내라는 점에서 둘은 매우 닮아 있어. 위기 상황에서 자기 자신을 스스럼없이 '벌레'로 비하한다는 점에서도 그들은 서로 다른 존재가 아니야. 둘의 싸움이 무승부로 끝난 것은 지극히 당연한 결과였지. 거울 속의 내 모습과 아무리 싸워 봤자 승패가 날 리 만무하거든.

우리도 가끔은 나 자신과 너무 닮은꼴의 사람을 경멸하며 괴롭히는 경우가 있어. 한심한 자신의 모습을 빼다 박은 것이 더 화를 돋울수 있거든. 사실 우리도 진짜 자기 자신의 내면을 제대로 들여다보기는 쉽지 않아. 아큐처럼 말이야. 내가 어떤 사람인지 알고 싶다면 반대로 내가 평소에 어떤 사람을 경멸하고 미워하는지를 보면 되겠지? 인정하고 싶지는 않겠지만 내 안에도 분명 그 경멸의 대상과 비슷한 점이 있다는 사실을 알게 될 거야.

그래서 우리는 나와 같건 다르건, 잘났건 못났건 다른 사람들을 함부로 대할 수 없다는 점을 깨닫게 될 거야. 누군가에게 나쁜 감정이 들거나 못된 태도가 튀어 나오려고 할 때마다 반대로 나 자신을 냉정히 살펴보는 것도 좋은 방법인 셈이지.

생계가 더욱 위태로워진 아큐는 잠시나마 자기 내면을 들여다보는 시간을 가지게 돼. 그는 먹을 것이 떨어지자 구걸을 하려고 거리를 배회했지만, 낯익은 술집도 낯익은 만두집도 모두 지나치고 구걸도 하지 않았어. 그러면서 자신이 진정 구하려고 하는 것이 무엇인지 자문하게 되었지. 그러나 끝내 자신이 무엇을 찾고 있는지 답을 찾지 못한 채, 그 허전한 마음을 엉뚱하게도 정수암 채소밭에 몰래 들어가 무를 뽑고 도망치는 행동으로 풀어 버렸어.

아큐는 과연 죽기 전에 자신이 구하는 것을 찾게 될까? 이 질문에 대한 답을 찾기 위해서는 좀 더 많은 이야기들을 살펴보아야 할 거야.

노예근성 :
강자에게 먹히고 약자를 먹다

　　　　　　　　　　　　아큐의 정신승리법은 자기 자신을
과장하고, 현실을 왜곡시킴으로써 삶을 바꾸려는 의지를 포기하게 만
든다는 점에서 아주 위험한 처세술이야. 늘 승리만 하는 자에게 현실
에 대한 불만이나 자신을 성장시키려는 욕망은 생길 수 없는 법이거
든. 마을에서 가장 하층민에 속했던 아큐는 부자나 권력자들에게 비
인격적이고 부당한 대우를 받을 때도 많았어. 하지만 그런 현실에 순
응하고 안주하는 길을 택한 것은 그 자신이었지.

　이처럼 인격을 지닌 존재로서의 삶을 포기한 채, 부자나 권력자에
게 부림당하는 걸 당연시하는 사람들을 우리는 '노예'라고 부를 수 있
어. 그런데 단순히 가난한 약자들만이 노예라고 생각해서는 곤란해.
왜냐하면 이 노예들은 자기보다 강한 자들에게 부림을 당하는 동시

에 자기보다 약한 자들을 끊임없이 못살게 괴롭히거든. "강자에게 약하고 약자에게 강하다."는 표현은 바로 이런 태도를 두고 하는 말이지. 바꿔 말하면, 이런 태도를 보이는 사람은 그 안에 '노예근성'이 있다는 뜻이기도 해.

루쉰도 다른 작품에서 비슷한 말을 한 적이 있어.

대부분의 사람이 다른 사람을 노예로 부리고 먹을 수 있기를 바란다. 자신 또한 노예로 부려지고 먹힐 가능성이 있음을 망각하고서 말이다.

—『등하만필』 중에서

다시 말해 아큐 같은 사람은 '노예이면서 식인(食人)'이 될 수 있어. 우린 누구나 다른 사람과 관계를 맺으며 세상을 살아가게 되는데 그들은 모두 나보다 강하거나 약한 존재지. 그들과 어떤 태도로 관계를 맺을 것인가에 따라 나는 '노예이면서 식인'이 되기도 하고, 반대로 자유롭고 인격적인 존재가 되기도 해. 노예이면서 식인이 되고 싶은 사람은 아무도 없겠지? 지금 나는 어떤 태도로 주변 친구들과 관계를 맺고 있는지 한번 찬찬히 생각해 보렴.

아큐는 죽음의 위기에 직면해서야 현실을 조금씩 깨달아 가지. 물론 그것도 스스로 발견한 것이 아니라 너무나 낯설고 충격적인 상황이 가져다 준 깨달음이었어. 자오 나리 댁을 약탈한 도둑이라는 누명을 쓰고 관청 사람들 앞에 끌려 나간 순간, 아큐는 자기도 모르게 무릎을 꿇어 버렸어. 사람들이 일어서라고 호통쳐도 몸이 말을 듣지 않아 더욱 몸을 낮추었지. 그러자 "노예근성!"이라는 조롱과 비난이 쏟아졌어.

평생을 자기보다 높은 신분의 사람들에게 노예로 부림을 받으며 살아온 아큐에게 '꿇어앉지 말라'는 명령이나, '노예근성'이라는 표현은 처음 듣는 말이었을 거야. 그는 계속되는 추궁과 취조에도 계속 동문서답하며 자기가 지금 어떤 위기에 빠져 있는지 정확히 알아차리지 못했어.

노예근성이라는 말보다 더 큰 충격은 아큐 앞에 놓인 '종이 한 장과 붓 한 자루'였어. 흰 종이와 붓은 아큐가 일평생 만져 볼 일이 없는, 높은 신분에 속한 사람들에게만 독점되었던 '문자'와 관련된 물건이었거든. 아큐는 거의 혼비백산하여 붓을 어떻게 쥐어야 할지 어쩔 줄을 몰라 했어. 아큐가 할 수 있는 일이라곤 평생의 힘을 쏟아 동그라미를 그리는 것뿐이었지. 그러나 처음 잡아 본 붓은 마음대로 움직여 주질 않았고, 그의 동그라미는 수박씨 모양이 되고 말았지. 아큐는 비로소 부끄러움을 느끼는 듯했어.

노예근성이라는 조롱과, 난생처음 잡아 본 붓으로 그린 수박씨 모양의 동그라미에 아큐는 비로소 자신의 맨얼굴을 대면하게 되었어. 그때 아큐는 어떻게 했을까? 뭔가 달라졌을까? 아니야. 아무것도 달라지지 않았어. 아큐의 정신승리법은 정말 적수가 없을 정도로 강한

힘을 발휘했지. 그는 이렇게 생각했어. 살다 보면 감옥에 들어가는 일도 있고, 종이 위에 동그라미를 그려야 할 때도 있는 법이라고. 다만 동그라미를 제대로 그리지 못한 게 못내 아쉬웠어. 하긴 그것도 손자 대가 되면 잘 그릴 수 있을 거라며 위안을 삼았지.

아큐의 말로를 곰곰이 생각해 보자. 그에게는 억울하고 허무한 죽음만이 기다리고 있었어. 아큐가 수박씨 모양의 동그라미로 서명한 문서는 자신의 범죄 사실을 인정하는 조서였어. 짓지도 않은 죄를 스스로 시인해 자신을 죽음으로 몰고 간 거야. 너무나 비참하고 충격적인 일 아니야? 안타깝게도 아큐 자신은 이를 몰랐어.

루쉰은 중국인의 역사도 아큐의 일생처럼 노예의 역사라고 생각했어. 이민족이 침입해 공동체의 삶을 위협하거나 관리들이 부당한 횡포를 부릴 때, 혹은 부와 권력을 장악한 자들이 자신의 지배를 정당한 것으로 만들어 갈 때, 피지배자인 일반 민중들은 그 부당함에 맞서 싸우기는커녕 그저 순응하며 오히려 지배자들에게 굽실거리는 것을 당연시해 왔다는 거야.

루쉰은 이렇게 말했어.

"지금껏 중국의 역사는 '노예가 되고 싶어도 되지 못했던 시대'와 '잠시 노예로 안착했던 시대'로 나뉜다."

일반적인 역사학자들이라면 중국의 역사를 한족에 의해 융성하던 시기와 이민족의 침입에 의해 잠시 쇠락하던 시대로 구분했을 법한데, 루쉰이 보기에는 노예의 삶에 만족했던 시기와 그런 삶을 기다리던 시기에 불과했던 거야. 중국인의 내면 깊이 뿌리박힌 노예근성을 주목하고 안타깝게 생각한 거지.

노예가 된다는 게 그리 복잡하고 어려운 일은 아니야. 나보다 강한 사람이 나를 지배하는 것을 당연하게 받아들이고, 그 상황에 순응한 다면, 그것이 바로 노예이거든. 노예는 자신을 지배하는 자를 그럴 만한 능력과 자격이 있는 자로 인정할뿐더러 때때로 존경도 하지. 루쉰은 이 소설에서 그런 노예들의 근성을 신랄하게 비판하고 있어.

사람은 누구나 그 자체로 존귀한 존재야. 따라서 누구 위에 군림하거나 지배하는 관계는 사라져야 해. 하지만 아큐의 시대에는 인간이 평등하고 존엄한 존재라는 생각은 대단히 낯선 것이었지.

아큐가 자신이 자오 나리와 같은 집안사람이라고 떠들고 다니다가 따귀를 얻어맞은 일을 한번 생각해 보자꾸나. 그 일이 있자 마을 사람들이 아큐를 존경하는 분위기가 형성되었어. 자오 나리 같은 유명한 사람과 관련되어 입에 오르내리면 그 사람 또한 유명한 사람이라는 논리였지. 게다가 아큐에게 잘못이 있는 것은 당연한 것이 자오 나리가 잘못할 리 없기 때문이라는 거야. 자오 나리에게 잘못이 있다면 왜 사람들이 그를 존경하겠느냐고 하면서 말이야. 이런 논리가 말도 안 된다고 생각해?

사실 우리 시대에도 우리를 지배하고 부와 권력을 지녔다는 이유만으로 존경받는 사람들이 많아. 그 논리도 아큐가 살던 미장 마을 사람들의 생각과 다르지 않지. '자신들이 존경하기 때문에 그들은 존경받을 만한 사람이고, 그들은 존경받는 자이기 때문에 잘못할 리가 없다.'는 식이야. 만약, 자신이 존경하는 자가 잘못을 저지른다면 그런 사람을 존경하는 자신에게도 잘못이 있는 거거든. 그래서 자신의 행위를 정당화하기 위해 타인의 잘못에도 눈을 감게 돼. 이런 것이 바로 자기 자신을 노예로 인정하는 태도야. 노예로서의 신분을 보장받기 위해 지배자를 존경하고 그의 잘못을 인정하지 않는 것, 그것이 바로 노예가 되기 위해 갖추어야 할 가장 중요한 덕목이지.

아큐가 억울한 죽임을 당한 뒤 미장 마을 사람들의 태도 또한 곰곰이 생각해 볼 필요가 있어. 그들은 이렇게 말했지.

"총살당한 것은 아큐가 나쁘다는 증거야! 그가 나쁘지 않았다면 왜 총살을 당했겠어?"

그들 역시 자신이 지배자의 노예임을 시인한 셈이야.

아큐도 왕털보도 소디도 미장 마을 사람들도 모두 사회적인 약자이자 노예였어. 그들 모두 힘센 자들의 부림을 받고, 가진 것을 빼앗기며, 그들의 명령에 복종하며 살아가지. 하지만 그러면서도 도무지 그런 현실을 바꾸려고 하지 않았어. 루쉰의 눈에 이들은 살아 있는 인간이라고 할 수 없어. 죽어 가는 줄도 모르고 서서히 죽어 가는, 철방 안에서 잠을 자는 사람들과 다르지 않았던 거야.

깨어 있는 루쉰은 그들이 얼마나 안타까웠을까? 그가 할 수 있는 일이란 고작 크게 소리를 질러 잠자는 사람을 깨우는 것뿐이었어. 『아Q정전』과 그가 쓴 모든 글은 잠든 사람들을 깨우려는 루쉰의 안타까운 외침과 같아.

노예의 삶을 사는 것도 쉬운 일은 아니지. 루쉰은 이렇게 말했어.

피지배자는 남을 먹여 살리고 지배자는 남이 먹여 살린다고 하지 않았던가? 권세 앞에 복종하려면 살지 말아야 하고, 금의옥식을 바치려면 죽지 말아야 한다. 지배를 받으려면 살지 말아야 하고, 지배자를 먹여 살리려면 죽지 말아야 한다.

—『춘말한담』중에서

누군가의 지배를 받는 노예의 삶을 살려면 죽어서도 안 되고 살아서도 안 된다는 의미야.

패거리 의식 :
구경꾼 무리에 속하다

아큐나 미장 마을 사람들처럼 스스로 생각하고 행동할 능력이 없을 때 사람은 쉽게 노예근성에 빠지게 돼. 그리고 노예근성을 지닌 사람들이 무리를 이루면 '패거리'가 되지. 그들은 각각 아큐처럼 정신승리법을 사용해 자신을 기만하며 살아가기도 하고, 소디처럼 자기 비하와 비굴함에 익숙한 채 살아가기도 해. 문제는 그런 사람들이 무리를 이루고, 주변에 그런 무리들이 많다 보면 자신의 문제를 깨닫기가 더욱 힘들어진다는 점이야. '내 편'이 많아지면 '내가 옳다'고 느끼기가 더욱 쉽거든.

패거리 의식은 특별한 사람에게만 있지 않고 누구에게나 항상 잠재되어 있어. 무리를 지어서 약한 친구를 따돌릴 때, 피부색이 다르고 가난하다는 이유만으로 이주 노동자들을 멸시할 때, 성씨나 학벌,

혹은 고향이 같다는 이유만으로 특혜를 주고받을 때, 장애인이나 동성애자들을 차별할 때, 이런 행태가 모두 패거리 의식에 사로잡힌 결과야. 패거리 의식은 내 편은 봐주고 상대편을 적대시한다는 데 큰 문제가 있지.

제2차 세계대전 중에 독일군이 유대인을 학살한 사건은 잘 알고 있을 거야. 이 또한 게르만 민족의 패거리 의식이 만들어 낸 비극이라 할 수 있지. 단지 히틀러라는 한 명의 독재자가 저지른 만행에 그치지 않고 거기에 동조한 수많은 사람이 행한 집단 테러 행위였거든. 이런 크고 작은 비이성적인 집단적 광기를 우리는 '파시즘'이라고 불러.

루쉰은 이런 패거리주의를 깨뜨리기 위해 한 치의 타협도 양보도 없는 싸움을 했어. 그는 일본에 의대생으로 유학하던 시절, 미생물학 시간에 상영되었던 일본인에 의해 동족이 학살되는 영상을 평생 잊지 않았어. 러시아의 갑첩이라는 죄목으로 무참히 총살당하는 동족을 멍하니 구경하고 있던 환등기 속 중국인들의 모습을 보며 그는 의사의 꿈을 접고 사람들의 마음을 고치는 작가가 되겠다고 결심하게 되었지.

『아Q정전』의 마지막 부분에도 패거리주의의 면모가 잘 드러나 있어. 아큐가 처형장에 가는 동안 사람들은 멍하니 입을 벌린 채 이를 구경했지. 아큐 자신도 그것이 사형수를 처형시키기 전 이리저리 끌고 다니며 놀림감으로 만드는 의식임을 깨달았지. 그 자신도 성 안에 살 때 이미 그런 장면을 구경한 적이 있었거든.

아큐는 그 순간 자신이 구경꾼들에게 뭔가 볼거리를 제공해야 하고, 노래라도 한 가닥 뽑아야 한다고 생각했어. 그러다 문득 몇 해 전 산기슭에서 만난 늑대의 눈빛을 떠올리게 되었지. 멀리서도 자신의 살을 꿰뚫을 것만 같았던 도깨비불 같은 그 늑대의 눈빛을 아큐는 구경꾼들에게서도 똑같이 보았어. 그들의 둔하면서도 날카로운 눈빛은 그의 육체보다 더한 것도 씹어 먹을 기세였거든.

늑대의 눈빛보다 더욱 두려운 눈, 그것은 바로 좋은 구경거리를 놓치지 않으려는 패거리의 눈빛이었어. 몇 해 전 늑대가 노렸던 것은 아큐의 몸뚱이였지만, 지금 구경꾼들이 노린 것은 바로 그의 영혼이었던 거야. 아큐가 처형되기 전 이미 그의 영혼은 구경꾼들의 눈빛에 의해 물어 뜯겼던 셈이지.

아큐의 죽음은 그 자체로도 너무나 허망했지만 그의 죽음을 목격했던 패거리의 반응은 이를 더욱 비참한 것으로 만들었어. 미장 마을 사람들은 그의 죽음을 당연한 것으로 받아들였어. 아큐가 총살을 당한 이유는 그만큼 나쁜 짓을 했기 때문이라고 생각했어. 게다가 총살은 목을 베는 처형보다 재미가 없다, 무슨 사형수가 노래 한 곡을 제대로 못하냐며 헛걸음만 했다고 투덜거렸지.

구경꾼은 사건의 진실 따위에는 관심이 없어. 그들이 원하는 것은 재미있고 그럴듯한 볼거리뿐이지. 사형수가 혁명가이건 도둑놈이건 그들에게는 상관없는 일이야. 다만 그들의 눈과 귀를 즐겁게 해 주는 좋은 구경거리만 있으면 그만이지. 그런 사람들이 바로 패거리이고

그런 생각이 바로 패거리주의란다.

눈앞에서 벌어지고 있는 일의 의미는 중요하지 않고, 오로지 재미있는 볼거리에만 집착한다면 그런 사람은 지금 패거리주의에 빠져 있는 건지도 몰라.

혁명이 뭐길래 :
갖고 싶은 건 다 내 것?

아큐가 구하려던 것은 무엇이었을까? 그는 당장의 생계를 해결하려고 성에 들어갔지만 고작 도둑들의 망보기 노릇만 하다가 돌아왔어. 훔친 물건 몇 가지 덕분에 한동안 대접받고 살았지. 그러던 중 미장 마을에 갑자기 혁명의 소용돌이가 불어닥치고 이로써 아큐의 삶은 더욱 미궁에 빠지게 되었어.

아큐는 어디서 얻은 생각인지는 몰라도 혁명당이란 반란을 일삼는 무리이며 반란은 곧 고난이라는 생각이 있었어. 그런데 미장의 어중이떠중이는 물론이고 백 리 사방에 유명세를 떨치는 거인 나리마저도 혁명당을 매우 두려워한다는 사실을 알고는, '혁명이란 것도 괜찮구나.'라고 생각을 바꾸게 되었지.

그런데 문제는 아큐가 혁명을 부정적으로 생각할 때나 괜찮다고 생각할 때나 그냥 '어디선가 얻어들은 생각' 아니면 다른 사람의 반응에 의한 생각이라는 점이야. 아큐는 진짜 자기 생각을 했던 게 아니었어. 그럼 그는 과연 누구의 생각을 대변했던 걸까?

우선, '혁명당은 반란을 일삼는 무리이고 반란은 곧 고난을 가져온다.'라는 생각에 대해 살펴보도록 해. 이런 생각은 사실 아큐의 현실과는 전혀 상관이 없어. 오히려 혁명이 일어났을 때 부나 명예 등 잃어버릴 게 많은 지배층 사람들이 할 만한 생각이지. 부나 명예 같은

무기로 가난하고 약한 사람들을 누르고 착취해 온 탐욕스러운 이들이야말로 혁명을 걱정해야 했어. 아큐는 혁명이 일어났을 때 곤란을 겪게 될 지배층과 자신을 은연중에 동일시한 거야.

그런데 이런 어리석은 착각이 아큐만의 일은 아니야. 혁명이라는 거창한 말을 떠올릴 것도 없이, 우리 사회의 선거 풍토만 보더라도 이런 현상을 자주 발견할 수 있어. 자본가나 권력가를 대변하는 후보를 가난하고 힘없는 서민들이 지지하는 경우가 아주 많거든. 그들은 노동자나 농민, 혹은 가난한 사람들을 대변하는 정당을 '빨갱이'라고 부르며 기피해. 반면, 노동자나 농민, 혹은 대학생들이 자신들의 권리를 위해 싸우는 모습을 보면 아큐처럼 '저들은 반란을 일삼는 무리이며 반란은 곧 고난이다.'라고 생각하지.

대체 왜 사람들은 자신에게 이롭지도 않고 사회적인 정의와도 거리가 먼 정당을 지지하는 걸까? 게다가 자신을 지배하고 착취하는 사람들과 자기 자신의 이해관계를 동일시하는 이유는 무엇일까?

'어디서 얻어들은 생각'에 전적으로 의존했던 아큐처럼 요즘 사람들도 언론이나 권위 있는 사람들의 말을 의심 없이 받아들이는 경향이 있어. 우리도 친구가 하는 말보다는 어른 말씀이, 엄마 말씀보다는 선생님 말씀이, 선생님

말씀보다는 TV에 나오는 유명한 박사님 말씀이
더 믿음직스럽다고 생각하곤 하지. 미국의
어느 잡지에 발표된 이야기라고 하면
두말할 것도 없이 정답이라고 믿어
버려.

하지만 과연 그럴까? 좀 더
생각해 보면, 가장 합리적이고
이성적이라는 과학 이론조차 언젠
가는 새로운 이론에 의해 뒤집히는 현상을
볼 수 있어. 현재 우리가 '진리'라고 생각하는 것
역시 새로운 이론이 나타나 그 오류를 증명하는 순간 '낡은 주장'에
지나지 않을 때가 많거든.

스스로 무언가를 생각하고 판단하고 행동할 능력을 갖추지 못할
때 우리는 쉽게 어떤 '권위'를 믿어 버리게 돼. 문제는 그런 태도가 우
리에게 좋은 결과를 가져다주는 경우가 극히 드물다는 점이야. 아무
리 큰 권력과 지식을 가진 사람이라 해도 그가 하는 말을 무조건 신
뢰해서는 곤란해. 인터넷이나 TV에서 하는 말 또한 신중히 생각해
볼 필요가 있지.

물론 어떤 사건이나 의견에 대해 그것이 정말 올바른 것인지 판단
하기가 쉽지는 않아. 주어진 정보가 제한적이거나 지나치게 전문적
이어서 그것을 이해하고 판단하는 데만도 어려울 수 있거든. 그럴 경

우에는 '이것을 올바르다고 생각할 사람은 누구일까?' 혹은 '이게 사실이라면 누구에게 이로울까?'를 따져 보면 좀 더 쉽게 답을 찾을 수 있을 거야.

우리는 정직하게 열심히 사는 사람들에게 이로운 것과, 부와 권력에 대한 욕심 때문에 약자들을 착취하는 사람들에게 이로운 것을 분간할 능력이 있어. '혁명'을 오해하고 우스꽝스러운 것으로 만들어 버린 아큐와는 충분히 다를 수 있다고.

혁명에 대한 아큐의 생각은 "백 리 사방에 유명세를 떨치는 거인 나리까지도 혁명을 두려워한다."는 소문을 들었을 때 완전히 바뀌었지. 원래 아큐가 아는 가장 높은 사람은 '거인 나리'였는데 그를 두려워하게 만든 것이 혁명이라면, 최고 높은 자리는 당연히 혁명당이 차지해야 하거든. 게다가 미장의 패거리들을 당황하게 만드는 힘이 있다니 혁명은 의심할 나위 없이 좋은 것이지. 아닌 게 아니라, 평소라면 눈길도 주지 않았을 자오 나리가 그에게 '큐 선생'이라고 부르며 그의 눈치를 살핀 것도 '혁명'의 위력 때문이었거든.

그러나 아큐뿐만 아니라 미장 마을 사람을 포함해 '혁명'이 무엇인지 제대로 알고 있는 사람은 거의 없었어. 가진 게 많은 사람은 가진 것을 빼앗길까 봐, 힘없고 가난한 사람들은 더 심한 착취와 지배를 당할까 봐 두려워했을 뿐이야. 그들은 모두 우왕좌왕 서로 눈치 보기에 바빴지. 변발을 틀어 올리거나, 정수암에 모신 비석을 부수는 게 고작 생각해 낸 혁명이었어. 아큐는 "갖고 싶은 건 모두 내 것, 맘에 드는 여자도 다 내 것."이라며 혁명이 무슨 도깨비방망이라도 되는 듯 허황된 공상에 빠졌지.

그러나 혁명이 일어났다고 해서 달라진 것은 아무것도 없었어. 아큐는 여전히 배가 고팠고, 자신이 무엇을 해야 할지도 몰랐지. 이런 아큐의 처지는 신해혁명(98~99쪽 참조) 이후 중국인이 겪어야 했던 당혹스러움과 허탈감을 잘 표현한 것이기도 해. 신해혁명이 일어나 청 왕조가 몰락하고 새로운 세상이 열릴 거라는 기대는 군부와 위안스카이의 집권으로 물거품이 되었고 모든 게 혁명 이전으로 돌아갔지. 힘없고 가난한 사람들 또한 여전히 배고픔의 문제를 해결하지 못했어. 이는 혁명의 실패를 의미하는 것이었어.

아큐도 마찬가지였어. 길거리에 나가 보아도 달라진 건 전혀 없었어. 혁명당이 마을로 들어왔다고는 하지만 지사 나리나 군대 책임자도 그대로였고, 거인 나리가 새로운 관직을 맡았다는 소문만 들려왔어. 예전의 부패한 관료들이 명패만 바꾼 채 여전히 같은 자리를 차지했고, 거인 나리는 돈을 주고 관직을 산 거야. 혁명은 말뿐이었고 변화는 전혀 일어나지 않았어. 그건 혁명이 아니었어.

왜 혁명은 실패로 돌아갔을까? 그 이유는 한편으로는 준비되지 않은 민중들의 무기력함 때문이었고, 다른 한편으로는 기득권 세력의 완강함 때문이었어. 혁명의 주체가 되어야 할 민중들은 혁명이 무엇인지 이해조차 하지 못했고, 기득권 세력은 혁명을 이용해 더 큰 이익을 챙기기에 바빴거든. 하지만 소외된 약자들과 함께하지 않는 혁명은 진정한 혁명이 아니야. 정수암의 비구니 스님도 그런 뜻의 말을 했지.

"혁명이라고? 너희가 어떻게 우리를 혁명하겠다는 거지?"

'원하는 것은 모두 내 것'으로 만드는 일을 혁명이라고 오해한 아큐는 혁명에서 오히려 점점 더 멀어질 뿐이었어. 그러자 그는 말로만 혁명당에 입당할 게 아니라 혁명당과 사귀어야 한다고 생각하게 되었지. 그러나 가짜 양놈이나 수재 도령은 아큐를 혁명당에 끼워 주지 않았을뿐더러, 오히려 그를 따돌렸어.

그러나 그들 혁명당도 '원하는 것은 모두 내 것'으로 만들겠다는 생각은 같았던 모양이야. 도둑으로 변신한 혁명 당원들이 자오 나리 댁의 물건을 훔쳐서 달아난 사건이 벌어졌거든. 이를 본 아큐는 그것 또한 혁명 활동의 일부라고 생각했고 자신이 그 무리에 끼지 못한 것을 서운하게 여겼지.

그런데 사건은 거기서 끝나지 않았어. 기득권 세력은 '원하는 것은 모두 내 것'이라며 설치는 무리를 붙잡아 벌을 주고 그것으로 교훈을 삼을 필요가 있었어. 여기에 아큐가 희생 제물이 된 거야.

아큐는 자오 나리 댁을 약탈한 용의자로 지목되어 관청에 끌려갔고, 어리바리한 상태에서 자신의 유죄를 인정해 버리지. 그는 결국 일벌백계의 본보기로 조리돌림을 당한 뒤 처형당하고 말았어.

아큐의 죽음은 너무나 어처구니없고 헛된 것이었어. 실패한 혁명이 민중의 희생으로 연결된다는 사실을 보여 주는 죽음이었지. 혁명 이후에도 여전히 권력을 쥔 자들에게는 누가 진짜 범인인지는 중요한 게 아니었어. 그들에게 중요한 것은 자신의 권력을 계속 유지하는 것뿐이었지. 실제로 신해혁명을 전후로 청 왕조와 관료들은 혁명에 참여했던 많은 젊은이를 어처구니없는 죄명을 씌워 처형했다고 해.

아큐는 혁명의 주동자가 아니었고, 본인 생각처럼 혁명을 하지도 않았어. 그는 진짜 혁명이 무엇인지 몰랐고, 그저 가짜 혁명의 소용돌이 속에서 억울하게 희생되었을 뿐이야.

왜 루쉰은 아큐를 혁명의 희생양으로 그려야만 했을까? 그것을 통해 무엇을 말하고 싶었던 걸까?

어떻게 삶의
주인이 될 것인가?

사람이 감옥에 갇히는 경우란 단 하나, 법을 어길 때뿐이야. 그러나 현실은 많이 다르지. 아큐와 함께 감옥에 갇힌 사람들만 보아도 그래. 한 사람은 할아버지 대에 체납한 소작료 때문에 고소당했고, 다른 사람은 무슨 일 때문에 고소당했는지도 몰라. 아큐는 서슴없이 자신이 혁명을 도모한 죄로 붙잡혔다고 털어놓았지만 그것은 아큐만의 생각이었지. 그들은 모두 죄 없는 자들이었어. 죄 없는 사람이 감옥에 갇히는 세상이 좋은 세상일 리가 없지.

독재자나 부패한 관료들이 권력을 잡은 시대일수록 죄 없이 감옥에 갇히는 사람들은 점점 늘어나게 돼. 권력을 가진 자들은 더 많은 부와 권력을 갖기 위해 사람들을 가두고, 이를 바꾸려고 하는 사람들도 옥에 가두기 때문이야. 이런 상황을 견디지 못하는 사람들이 일어나 싸울 때 혁명은 시작되지.

역사 속의 모든 혁명은 억압하고 착취하는 권력에 저항하는 것이었어. 물론, 모든 혁명이 성공한 것은 아니었지. 수많은 사람이 목숨을 희생했지만 실패로 돌아간 혁명도 있었고, 기존의 권력 집단을 몰아냈지만 또 다른 권력 집단에게 승리의 결과를 빼앗긴 경우도 있었어. 신해혁명은 후자에 해당했고 루쉰은 그래서 그것을 '가짜 혁명'이라고 불렀던 거야. 그럼 진짜 혁명이란 어떤 것일까?

혁명이란 억압과 지배 속에서 가난한 삶을 살아온 사람들이 스스로 일어나 자유롭고 평등한 삶을 얻고, 인간다운 삶을 회복하는 거야. 그런데 『아Q정전』에서 미장 마을 사람들은 혁명을 어떻게 이해했지? 막연한 불안감에 우왕좌왕하던 가운데 가짜 양놈과 수재 도령은 정수암에 있는 비석을 부숴 버렸고, 어떤 사람들은 혁명의 표시로 변발을 틀어 올리고 다니기도 했어. 그중에서도 압권은 "원하는 건 다 내 것"이라며 흥겨워하다가 어이없이 죽은 아큐였지. 아큐는 죽을 때까지 자기가 하려던 게 '혁명'인 줄 알았어. 우습지만 무서운 이야기야.

사실 아큐는 다른 사람들에 비해 우물 안 개구리는 아니었어. 몇 번이나 성 안에 다녀왔고, 혁명군들이 처형당하는 장면도 본 적이 있었거든. 어쩌면 그곳에서 혁명에 대해 한두 마디쯤 주워들었을지도 모르지. 세상의 주인은 왕이나 몇몇 권력자가 아니라 모든 사람이며, 모든 사람을 평등하게 대하는 세상을 만드는 것이 혁명이라고 말이야.

그러나 이런 말을 듣고도 아큐는 '원하는 것을 내 것으로 만드는 것'을 혁명으로 이해했어. 그런 몰이해가 아큐를 비극적이고 우스꽝스러운 최후로 이끈 셈이지.

혁명은 자신이 살고 있는 세상이 잘못된 것임을 알아차리고 그것과 싸워 바로잡는 일을 말해. 그리고 무엇보다 잘못된 세상에 순응하며 살았던 나 자신의 노예근성과 무관심, 게으름 등을 자각하고 반성하는 것으로부터 출발해야 해. 자신에 대한 자각과 반성 없는 자들이 부르짖는 혁명은 단언컨대 가짜라고 할 수 있어.

혁명이 일어나게 되면 기존의 질서와 제도는 흔들리거나 파괴되기도 해. 하지만 이때의 파괴가 반드시 나쁜 것만은 아니야. 그것은 더 나은 세상을 만들기 위해 썩고 불합리한 것을 없애는 작업이거든.

가짜 혁명은 더 나은 것을 건설하기 위한 파괴와는 거리가 멀어. 자오 나리 댁에서 물건을 훔친 도둑 떼를 혁명의 주체라고 말하지 않는 이유이기도 하지. 루쉰은 혁신자와 도둑, 그리고 노예를 구별할 줄 알아야 한다고 했어.

앞에 내세우고 있는 것이 아무리 선명하고 보기 좋은 깃발이라 해도 무릇 언동이나 사상 속에 그것을 빙자해 자기 소유로 하려는 조짐을 보이는 자는 도둑이며, 그것을 빙자해 눈앞의 하찮은 이익을 차지하려는 조짐을 보이는 자는 노예이다.
　　　　　　　　　　　　　　　　—『다시 뇌봉탑이 무너진 데 대하여』 중에서

아큐는 노예의 혁명관에서 벗어나지 못했어. 그의 오랜 노예근성과 정신승리법이 '원하는 건 모두 내 것'으로 만들 수 있는 것을 혁명이라고 오해하게 만든 거야. 그는 어쩌면 자기 자신에 대해 눈을 똑바로 뜨고 볼 용기가 없었는지도 몰라. 그의 진짜 모습은 너무나 비참했거든. 마을에서 가장 비천한 신분으로 남들의 부림을 받았고, 하루하루 희망 없는 삶을 살아야 했지.

그것은 비단 아큐만의 문제는 아니야. 누구에게나 자기 자신과 현실을 냉정히 바라보는 것은 어려워. 그러나 혁명을 하기 위해서는 무엇보다 자기 자신과 현실을 똑바로 바라볼 수 있는 용기부터 가져야 해.

우리 역시 마찬가지야. 지금보다 더 나은 삶을 살기 위해, 지금의 문제점을 개선하기 위해 내게 어떤 능력과 결점이 있는지를 냉정히 살펴보고 거기서부터 혁명을 시작해야 해.

자신을 똑바로 바라본다는 것은 무얼까? 그것은 내 생각과 행동에 대해 어떤 변명이나 핑계, 과장, 비하 없이 객관적으로 보려고 노력하는 태도를 말해. 그럴 때 비로소 나와 내가 관계 맺고 있는 모든 사람이 보이기 시작하지. 좁게는 가족이나 친구들로부터 이웃과 국가, 좀 더 넓게는 내가 살고 있는 이 지구별 전체가 맺고 있는 관계가 보이는 거야. 그것을 좀 더 낫게 바꾸려는 의지가 생길 때, 그것이 바로 혁명의 출발이고 목표가 되는 것이지.

우리 자신을 냉정히 살펴보면 우리도 아큐처럼 노예근성이 있고, 때로는 정신승리법을 사용한다는 사실을 알 수 있을 거야. 이를 깨달는 데서부터 내 삶의 주인으로 당당히 살아갈 출발점을 찾을 수 있고, 그때 비로소 혁명도 꿈꿀 수 있는 거야. 루쉰이 '사람을 먹어 본 적이 없는 아이들'에게 전하는 메시지도 바로 그런 거였어.

TIP

신해혁명

신해혁명은 1911년 중국에서 일어난 민주주의 혁명이다. 당시 중국은 왕이 통치하는 전제 정치 체제였는데, 신해혁명이 계기가 되어 모든 사람의 투표로 대표자를 뽑는 공화 정치 체제로 나아가게 되었다. 신해혁명이 일어날 무렵의 중국은 영국, 프랑스, 독일 등 유럽 열강들의 잦은 침략과 내정 간섭으로 정치가 혼란스러웠고 경제는 파탄 지경이었다. 민중들의 생활이 도탄에 빠졌지만 관료들은 오히려 부정부패를 일삼으며 민중들을 수탈하고 권력을 마음대로 휘둘렀다. 그러자 청 왕조에 반대하고 새로운 정부를 수립해 나라를 위기에서 구하려는 움직임이 사회 각계각층에서 불처럼 번져 일어났다.

1911년 10월 우창 지역에서 시작된 봉기가 순식간에 전국으로 확대되면서 이듬해인 1912년 1월 1일, 삼민주의를 제창한 쑨원(孫文)을 임시 대총통으로 하는 중화민국 정부가 난징에 수립되었다. 그러나 이것이 혁명의 완성은 아니었다. 혁명 세력을 몰아내기 위해 청 왕조에서 고용한 위안스카이가 청 황제를 퇴위시키는 조건으로 쑨원으로부터 대총통의 지위를 빼앗아 버리자, 이때부터 혁명의 분위기는 급격히 냉각되었고 사회는 다시 혁명 이전의 상태로 되돌아갔다.

신해혁명이 일어났을 때, 고향 사오싱에 있는 중학교에서 학생들을 가르치고 있던 루쉰은 혁명적이고 진보적인 인물들이 새로운 정부의 일꾼이 되어야 한다고 주장하는 한편, 학생들과 함께 민심을 안정시키기 위해 연설대를 조직해 거리 선

타핑 문 전투 1911년 신해혁명 당시 혁명군이 난징의 타핑 문 앞에서 벌인 전투를 묘사한 그림엽서이다. T. 미야노의 컬러 석판화. 런던 웰컴 라이브러리 도판 컬렉션 소장.

전을 벌이기도 하면서 새로운 시대의 출발을 환영했다.

하지만 혁명의 기쁨은 오래가지 않았다. 혁명 이후 세상의 겉모습은 많이 변했지만 속 모습까지 변한 것은 아니었기 때문이다. 혁명군들은 이전의 청나라 관료들이 그랬던 것처럼 점점 부정부패에 찌들어갔고, 혁명 이전의 지주나 보수적인 정치인들 역시 '혁명'이라는 간판을 내걸고 갖가지 '혁명당'을 조직해 한몫 잡아보려는 속셈뿐이었다. 루쉰은 훗날 『아Q정전』에서 아큐를 포함한 온 마을 사람들이 '혁명'의 진정한 의미도 모른 채 혁명의 분위기에 휩쓸려 유행처럼 혁명을 대하는 모습으로 이를 풍자했다.

성품이 꼿꼿하고 정의로웠던 루쉰은 혁명당이 부패해 가는 모습을 보고 이를 가차 없이 비판하는 논설을 발표했고, 이 문제로 젊은이들과 수차례 토론회를 열었다. 그러자 사오싱의 도독이 루쉰을 사살할 것이라는 소문이 돌기 시작했다. 그러나 이런 소문에도 루쉰은 자신이 한 일을 떳떳이 여기며 오히려 이전보다 더 당당하게 활동했다. 심지어 밤에는 자신의 성인 '주(周)' 자를 크게 쓴 초롱을 손에 들고 다니기도 했다고 한다.

3장

루쉰, 펜을 든 전사

우리는 살아가다 보면 숱한 어려움과 마주치게 돼. 가끔은 부모님이나 선생님도 답을 해 줄 수 없는 어려운 문제들이 있지. 이를 테면, "나는 누구이고, 어떻게 살아야 할까?" "이런 상황에서 어떤 선택을 하는 게 옳은 일일까?" 이런 질문에 대한 답을 찾기 위해 루쉰 같은 위대한 스승들의 책을 읽는 것이기도 해.

루쉰은 말이 많은 사람이 아니야. 자기가 옳다고 생각한 삶을 그저 묵묵히 살아 냄으로써 "이렇게 살아라, 저렇게 해라."라는 잔소리보다 백배 많은 가르침을 준 위대한 작가였지.

루쉰은 20세기 초반 격변의 중국을 온몸으로 살아 낸 문인이자 사상가, 그리고 교육자였어. 소설과 시를 비롯해 많은 글을 남겼는데,

그의 글 대부분은 "어떻게 내 삶의 주인이 될 것인가?"라는 질문에 중요한 실마리를 제공해 준단다. 우리가 지금 루쉰의 작품을 읽는 것 또한 현재의 내 삶을 돌아보고 앞으로의 삶을 어떻게 살 것인지 길잡이로 삼기 위해서야.

그럼 지금부터 루쉰이 누구인지, 그가 어떤 생각을 했고 어떤 삶을 살았으며 어떤 글을 남겼는지 하나하나 살펴보도록 하자꾸나.

소년의 꿈과 슬픔

⬤　　　　　　　　　　　　루쉰(魯迅)은 본명이 저우수런(周
樹人)이고, 1881년 9월, 중국 저장 성 사오싱에서 태어났어. 대대로
그의 선조들은 상업에 종사해 부를 쌓았고, 6대조 때부터는 사대부
관료로서 부와 명예를 누려 왔지.

　루쉰이 태어날 무렵부터 그의 집안은 서서히 기울기 시작했어. 청
왕조의 고위 관직에 있던 루쉰의 할아버지가 불명예스러운 사건에
연루되어 관직에서 물러났고, 아버지마저 큰 병에 걸리자 집안에 어
둠의 그림자가 걷힐 날이 없었거든.

　어린 나이에 가세가 몰락하면서 세상의 비정함을 알아 버린 루쉰
은 조숙한 소년이 될 수밖에 없었어. 루쉰은 그때를 다음과 같이 회고
했지.

어느 정도 나은 생활을 하다가 갑자기 궁핍해진 자는 그 쇠락의
과정에서 세상인심의 진면목을 만날 수 있으리라.

—『자서(自序)』 중에서

루쉰의 집안이 아직 권세를 누리고 있을 때 그의 집안을 높이 칭송
하며 친절히 대했던 사람들은 그 권세가 땅에 떨어지자마자 모두 얼
굴을 돌려 배척하고 모함하기를 서슴지 않았어. 힘 있는 자들에게는
아부하면서 힘없는 자들을 억압하던 어른들의 두 얼굴을 보고 어린
루쉰은 크게 상처를 받았지. 하지만 그런 뼈아픈 경험은 루쉰에게 세
상을 비판적으로 바라볼 수 있는 시각을 갖게 해 주었어. 옳은 일은
외면하고 자신의 이익을 위해서만 행동하는 이중적인 지식인이나 관
료, 혹은 부자 등을 비판하는 글을 써 나가는 힘이 되었던 거야.

아이들은
거짓말을 싫어해

어린 시절 루쉰의 집에는 '장마마'라고 불리는 유모가 있었어. 장마마는 잠을 잘 때 코를 골기도 하고 큰 대자로 뻗어 자는 등 어린 루쉰의 잠자리를 불편하게 만들었고, 이런저런 잔소리를 늘어놓으며 귀찮게 할 때도 많았지. 그러나 어린 루쉰에게 장마마는 가장 가깝고도 친근한 어른이었어. 그런데 루쉰과 장마마 사이가 서먹서먹해진 사건이 벌어졌어. 루쉰이 애지중지하던 애완용 생쥐 '은서'를 장마마가 무심코 밟아 죽인 거야.

사실 루쉰은 은서의 죽음보다 자신의 실수를 감추려고만 한 장마마의 태도에 더 크게 실망했어. 은서를 죽인 장본인은 고양이라고 장마마가 거짓말을 한 탓에 루쉰은 한동안 애꿎은 고양이만 미워했거든. 비록 말 못하는 동물의 일이지만 어린 루쉰은 장마마의 거짓말과 자신의 어리석음을 크게 부끄러워했다고 해.

어색하던 장마마와의 사이를 다시 회복시켜 준 것은 한 권의 책이었어. 『산해경』이라는 그 책은 중국의 신화와 전설 속에 나오는 기이한 동식물 이야기를 다루고 있지. 사람 얼굴을 한 짐승, 머리가 아홉 달린 뱀, 다리가 셋 달린 새, 날개 달린 사람 등 그 책에는 어린 루쉰의 상상력을 자극할 만한 이야기와 그림들이 무궁무진했어. 루쉰은 그 책이 몹시 갖고 싶었지만 서점까지는 너무 멀어 혼자 갈 수 없었고, 집안 어른들은 누구도 루쉰의 말을 진지하게 들어 주지 않았지. 이런 마음을 읽은 장마마가 그 책을 구해다 주었고 이를 계기로 두 사람은 극적으로 화해하게 되었어.

어려서부터 그림을 그리거나 보는 걸 좋아했던 루쉰은 훗날 중국 민중들의 비참한 현실과 서구의 미술 작품들을 소개하는 일에도 관심을 기울였어. 일례로 그의 글을 통해 독일의 작가 케테 콜비츠*의 혁명적인 작품들이 중국에 소개되기도 했지.

루쉰은 어렸을 때부터 거짓말을 아주 싫어했어. 장마마와 사이가 나빠졌던 것도 그녀가 은서를 죽였기 때문이 아니라, 그 사실을 숨기

❖케테 콜비츠

1867년부터 1945까지 살았던 독일의 여류 화가이자 조각가. 판화가. 가난한 노동자들과 함께 생활하면서 그들의 비참한 현실을 작품에 담았다. 「직공들의 반란」 「농민전쟁」 「전쟁」 같은 시리즈 작품으로 유명하다.

고 거짓말을 했기 때문이야. 책을 고를 때도 진실이 아닌 것처럼 보이
거나 교훈을 주려고 지나친 공포심을 유발하는 내용은 좋아하지 않
았어.

　루쉰이 어릴 때 즐겨 보던 그림책 가운데 '효'와 관련된 스물네 가
지 이야기를 담은 책이 있었어. 가난한 선비가 어느 집에 초대받아 갔
는데 귤이 나오자 부모님 생각에 먹지 않고 가슴에 품고 돌아온 이야
기(『육적회귤(陸績懷橘)』), 병든 아버지를 위해 한겨울에 얼음을 깨고

잉어를 잡은 이야기(『왕상(王祥)의 잉어』) 등이 들어 있었지. 그중에는 루쉰을 몹시 불편하게 했던 내용도 있었는데, 이를테면 『노래자(老萊子)의 옷』이나 『곽거매아(郭巨埋兒)』 같은 이야기가 그랬어.

『곽거매아』는 집이 가난해서 늙은 어머니를 제대로 봉양할 수 없는 처지가 된 자식이 자기 자식을 산에 묻으러 간다는 이야기야. 근데 이 이야기는 어린 루쉰에게 이만저만 큰 걱정을 안겨 준 게 아니었어. 당시 루쉰 집안의 가세가 몹시 기울었기 때문에 만약 아버지가 곽거와

같은 효심이 있다면 자신이 땅에 묻힐지도 모를 일이었거든. 다행히도 그 이야기는 아이를 묻으려고 땅을 팠는데 황금이 나와 아이도 죽지 않고 곽거의 집안도 형편이 나아졌다는 행복한 결말로 끝나지. 하지만 루쉰은 훗날 이런 독서가 그에게 근심과 부담만 안겨 주었을 뿐 유학자들이 기대했던 효심을 일으키지는 못했다고 회상했어.

『노래자의 옷』 이야기도 비슷해. 나이 칠십에도 늘 색동옷을 입고 부모님 앞에서 재롱을 피우는 것이나, 일부러 미끄러져 아이 울음소리를 내는 것이 왜 효도인지 루쉰은 이해할 수 없었어. 그것은 효도가 아니라 오히려 부모를 속이는 일이라고 그는 생각했지.

그는 훗날, "아이들은 천성적으로 거짓되고 과장된 것을 싫어한다."고 말하며, 언제나 솔직하고 진실한 태도로 아이들을 대해야 한다고 강조했어. 그러면서 '충'이나 '효' 같은 유교 이념을 과장된 방식으로 강요하며 사람들을 억압하는 유학자들에 대해서도 신랄하게 비판했지.

그의 첫 번째 소설 『광인일기』에 등장하는 '광인'은 자기 가족을 포함해 주변에 있는 사람들을 온통 사람 잡아먹는 식인(食人)이라고 믿어. 게다가 자기도 언젠가 그들에게 잡아먹힐 거라는 두려움에 늘 휩싸여 있지. 이런 피해망상증 환자의 입을 빌려 루쉰이 말하고자 했던 것은 무엇일까? 그것은 바로 각종 경전과 관습에 기대어 사람들을 억압하는 권력자나 유학자들, 혹은 거기에 무기력하게 복종하는 민중들을 비판하려는 의도였어.

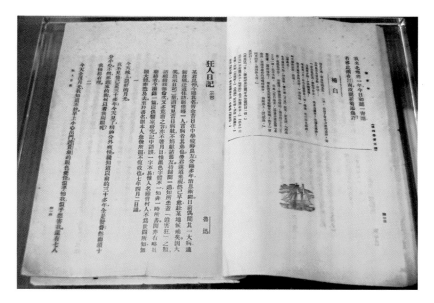

「광인일기」『신청년』제4권 제5호에 실린 「광인일기」본문이다. 베이징 루쉰 박물관 소장.

소설 속 광인은 이렇게 말해.

"사람을 먹는 사람은 그렇지 않는 사람에 비해 얼마나 부끄러운 존재인가요? …… 하지만 한 걸음 방향을 돌리면, 즉시 고치려고만 한다면 우리 모두 태평스럽게 지낼 수 있습니다. 예부터 늘 그랬다 해도 오늘부터라도 마음을 바꾸면 착해질 수 있어요."

TIP

아편전쟁과
태평천국운동

1840년 영국은 청나라의 아편 단속을 빌미로 전쟁을 일으켰다. 당시 영국에서는 질 좋은 중국산 홍차의 인기가 높아 수입이 증가한 반면, 자국의 방직물이 생각만큼 수출되지 못해 불만이 쌓여 가고 있었다. 이런 와중에 영국의 상인들이 아편 무역을 통해 이윤을 창출하려고 하자, 청나라 정부가 그들을 홍콩으로 내쫓아 버렸다. 청나라의 아편 단속에 반발한 영국이 무역항을 확대한다는 명분으로 일으킨 전쟁이 제1차 아편전쟁(1839~1842)이다.

이 전쟁에서 패한 청나라는 홍콩과 광둥 외에 다섯 개 항구를 추가로 개항하는 한편, 거액의 배상금을 영국에 지불해야만 했다. 따라서 청 왕조는 전쟁의 배상금을 지불하기 위해 수단과 방법을 가리지 않고 민중을 착취했고, 이를 견디지 못한 민중들의 봉기가 전국에서 끊이질 않았다. 그 결과 중국 역사상 가장 큰 규모의 농민 혁명 운동인 태평천국운동(1851~1864)이 발발하게 되었다.

홍슈취안(洪秀全)이 이끈 농민군들이 '태평천국'의 기치를 들고 광시 성에서 봉기해 중국 남부 쪽으로 세력을 확장해 나갔으며, 1853년에는 난징에 도읍을 정하고 약 12년간 위세를 떨쳤다. 태평천국운동은 농민들에게 토지를 균등하게 분배하고 남녀평등의 정책을 실시하는 등 중국의 전통적인 유가 사상과는 다른 정책을 펴면서 급속도로 확산되었다.

태평천국운동의 영향으로 청 왕조는 급속도로 지배력을 상실해 갔다. 이 틈을

위안밍위안 서양루 위안밍위안은 청나라 시대 왕궁의 정원이자 왕이 머물던 행궁이었다. 위안밍위안 동쪽에 있었던 서양루의 그림(왼쪽)과 제2차 아편전쟁 때 파괴된 뒤 복원이 진행되고 있는 현재의 모습. 베이징 시 하이덴 구 소재.

탄 영국과 프랑스가 다시 제2차 아편전쟁(1856~1860)을 일으켰는데, 이때 세계에서 가장 아름다운 정원이라고 일컬어지던 위안밍위안이 불에 탔다. 이 전쟁의 결과 영국과 프랑스는 청나라와 '베이징 조약'을 체결해 더 많은 이권을 챙기게 되었고, 제정 러시아 역시 이 전쟁에 개입한 대가로 헤이룽 강 연안까지 영향력을 행사하게 되었다.

전쟁에서 패배한 뒤에도 청 왕조는 나라의 기반을 바로 세우는 작업을 하지 않았고, 오히려 자신들의 권력을 유지하기 위해 외세와 결탁해 민중들의 저항 운동을 진압하기도 했다. 결국, 1864년 국내외 연합 세력의 협공으로 태평천국운동은 실패로 끝났다. 그러나 이 운동은 청 왕조와 봉건 통치 계급, 서양 열강 세력들에게 심각한 타격을 주었고, 이를 계기로 중국에서는 새로운 민족 운동들이 일어나게 되었다.

그림 같은 풍경은
농촌의 현실이 아니다

루쉰이 농촌에 있던 외가에서 보
낸 경험 또한 그의 작품 세계의 한 축을 이루고 있어. 농민들의 생활
을 직접 접하고 자연 속에서 뛰어놀며 자기 눈으로 확인한 농민들의
삶은 아름답고 평화롭다기보다는 고통으로 얼룩져 있었어. 지주와 관
리들의 핍박 때문에 농민들의 현실은 이루 말할 수 없이 고달팠거든.

나는 도시의 대가족 속에서 성장했고, 어릴 적부터 고서(古書)와
스승의 가르침을 받았기에, 고생하는 민중을 꽃과 새처럼 여겼
다. 그리하여 소위 상류 사회의 허세나 부패를 마주치게 될 때면
민중의 안락함을 부러워하기까지 했다. 그러나 외가가 농촌인 나
는 많은 농민과 가까이 지내게 되면서부터 그들이야말로 평생을

핍박과 고통 속에 사는 자들이며 결코 꽃이나 새와 같지 않음을 깨닫게 되었다.

—『자서』중에서

비록 몰락했다고는 하지만 사대부 집안의 자손으로 도시에서 큰 고생 없이 살았던 루쉰에게 이때의 경험이 없었더라면, 그의 눈에 농촌은 그저 아름답고 목가적인 전원에 지나지 않았을 거야. 농촌에 대한 루쉰의 지식은 대부분 책을 통한 것이었고, 책 속의 농촌은 아름답게만 묘사된 동화였거든. 그래서 루쉰은 고생하는 민중을 '꽃과 새처럼' 여길 수밖에 없었어. 그러나 실제 농민들은 힘 있는 사람들의 지배를 받으며 가난의 고통과 싸워야 했어.

소설 『고향』에는 가난하고 억압받는 농민들을 바라보는 루쉰의 따뜻한 마음이 잘 나타나 있어. 이사하기 위해 오랜만에 고향집을 찾은 주인공 '나'는 어린 시절 자신에게 '어린 영웅'으로 비춰졌던 룬투와 다시 만나게 되지. 하지만 이미 성인이 되어 버린 그들에게 예전과 같은 친밀함은 사라지고, '나'를 대하는 룬투의 태도는 주인을 대하는 하인의 것으로 바뀌어 있었어. "흉작, 가혹한 세금, 군인, 도적, 관리, 향신(鄕神), 그런 것들이 한데 어울려 룬투를 괴롭히고 그를 마치 장승처럼 만들어" 버렸던 거야. 쓸쓸한 마음으로 고향을 떠나는 '나'는 이미 룬투와 자신이 서로 다른 길을 가고 있다는 것을 깨닫게 돼.

하지만 그는 마지막 희망을 놓지 않았는데 "우리의 어린애들의 마

19세기 말 중국 농촌 가난한 농민들은 이처럼 직접 쟁기를 끌어야 했다.

음이 아직 하나로 이어져 있다."는 것을 알았기 때문이야.

　루쉰은 아이들이 "마땅히 새로운 생활을 가져야 한다."고 생각했어. 기성세대가 "아직 경험해 본 일이 없는 생활"을 말이야. 그것만이 미래의 '희망'이라고 그는 생각했지. 물론 그 새로운 생활, 즉 희망은 아직 경험해 본 일이 없는 것이기에 본래 있다고도 없다고도 할 수 없어. 그래서 루쉰은 희망이 마치 땅 위의 길과 같은 것이라고 생각했지. 길이란 본래부터 있는 것이 아니라 "걸어가는 사람이 많아지면 그것이 곧 길이 되는 것"(『고향』)이니까.

　그런데 루쉰이 보기에 노동자, 농민을 포함한 하층민의 삶이 피폐해진 것은 단지 지주나 관리들의 횡포 때문만은 아니었어. 그들 스스로가 예전부터 살아온 삶의 방식을 고수하며 그것을 바꿔 보려는 의

지와 노력이 부족했던 탓도 있다고 보았지. 루쉰은 『아Q정전』에 나오는 미장 마을 사람들에서뿐만 아니라, 다른 소설에 자주 등장하는 '루전'이라는 마을 사람들의 모습에서도 그런 문제를 지속적으로 비판했어.

소설 『쿵이지』와 『내일』 그리고 『복을 비는 제사』의 배경인 루전은 '옛 풍습이 남아 있는 곳'이야. 루쉰은 이 작품들을 통해 옛 풍습에 집착하거나 새로운 삶을 살려는 의지를 보이지 않는 사람들에게는 오로지 죽음만이 기다리고 있을 뿐이라고 말하지.

쿵이지는 원래 글을 배운 지식인이야. 그는 사람들에게 책을 베껴 주는 일도 했지만 "공부를 계속하지도 못하고 또 살아가는 법을 몰랐기 때문에 갈수록 가난해져서 끝내는 구걸할 지경"에까지 몰락해 버려. 그는 마을 사람들의 멸시와 비웃음 속에 살다가 결국 남의 물건에 손을 대는 데까지 타락하지.

『내일』에 나오는 산쓰 아주머니는 죽어 가는 아들을 살리려고 애쓰지만 전통 의학의 힘으로는 속수무책이었고, 결국 사랑하는 아들을 잃어버리고 말아. 루쉰은 그녀를 '우매한 여인'이라고 말하지.

『복을 비는 제사』의 샹린댁 역시 옛 풍습의 희생자야. 여기서 루전은 한 해의 행복을 기원하기 위해 복의 신을 맞이하는 의식을 치르는 곳으로 나와. 제사상을 차리는 일에 자부심을 갖고 있던 샹린댁은 재혼 후 남편과 아들이 죽고 다시 루전으로 돌아오지. 그리고 그 뒤부터 불행이 시작돼. 샹린댁은 마을 사람들에게 부정한 존재로 인식되면서

신성한 제사상 근처에는 얼씬하지 못하도록 금지되지. 그녀 역시 자신의 불행을 한탄하기만 할 뿐 삶을 바꾸려는 노력은 조금도 하지 않아. 결국 그녀는 마을에서 귀찮은 존재로 취급되다가 어디론가 사라져 버리고 말지.

루쉰의 소설에 등장하는 미장이나 루전은 당시 중국 어디에서나 흔히 볼 수 있는 평범한 시골 마을이야. 그리고 동시에 거세게 밀어닥친 서양 문명의 충격에도 아랑곳하지 않고 깊이 잠들어 있는 중국 전체의 모습이기도 해. 격변하는 현실에 눈뜨지 못하고 옛 풍습을 고수하는 삶이 얼마나 끔찍한 결과를 초래하는지 루쉰은 그 마을들을 통해 생생히 드러내고 있어.

몸의 병을 고치는 자,
마음의 병을 고치는 자

1902년 루쉰은 22세가 되면서 부푼 꿈을 안고 일본으로 유학의 길을 떠났어. 그의 꿈은 서양 의학을 공부해 아픈 사람들의 병을 고쳐 주는 의사가 되는 것이었거든. 어린 나이에 아버지의 병 수발을 도맡아 아버지를 살리려고 여기저기 뛰어다녔지만 결국 아버지를 잃어버려야 했던 고통을 다른 사람들은 겪지 않기를 바라는 심정이었어.

나는 일찍이 4년 남짓 되는 기간, 거의 매일 전당포와 약방을 출입했다. 나이는 잊어버렸지만, 약방의 계산대 높이는 내 키만 했고, 전당포의 그것은 내 키의 곱절이나 되었다. 나는 전당포의 계산대 밖에서 옷가지나 머리 장식품 같은 것을 내밀고 멸시를 받

으며 돈을 받았고, 내 키만 한 약국 계산대를 찾아가 오랫동안 앓
아누운 아버지를 위해 약을 지었다. 집으로 돌아오면 할 일이 태
산같이 많았다. 치료를 맡은 의원이 매우 유명한 사람이었는데
처방 약재도 유달랐기 때문이다. 겨울의 갈대 뿌리, 3년 서리를
맞은 사탕수수, 교접하고 있는 한 쌍의 귀뚜라미 등 구하기 어려
운 것들뿐이었다. 그러나 아버지의 병세는 날로 깊어져 마침내
세상을 떠나고 말았다.

—『자서』 중에서

당시 중국인 의사가 처방한 약재들은 한겨울 갈대의 뿌리, 3년 동안 서리 맞은 사탕수수 등 어린 루쉰이 구하기 힘든 것들이 대부분이었어. 매일같이 아버지의 병 수발을 들고, 약방과 전당포를 오가며 희귀한 약재를 구해 왔지만 루쉰의 아버지는 결국 세상을 떠났어. 그건 어린 루쉰에게 씻을 수 없는 큰 상처가 되었지.

　　구닥다리 같은 중국 의학에 대한 그의 비판 의식은 폐병에 걸린 아들에게 피 묻은 만두를 먹이는 부모의 이야기(『약』)라든가 전통 의약에 의존하다가 결국 아들을 잃게 되는 어머니의 이야기(『내일』) 등에서 드러나지.

　　아버지가 돌아가신 후 루쉰은 고향을 떠났어. 얼마 남지 않은 재산을 탐내는 어른들에 대한 쓸쓸함과 비과학적인 치료법으로 환자를

19세기 말 중국 서당 변발을 하고 전통 옷을 입은 어린이들이 스승에게서 등을 돌리고 경전의 문장을 암송하고 있다.

방치한 전통 의학에 대한 거부감이 그를 도시로 내몰았고, 그에게 새로운 학문을 공부하라고 재촉했던 셈이지.

하지만 당시 중국에서는 "경서(經書, 유교의 사상과 교리를 담은 책)를 배워서 과거를 치르는 것만이 올바른 길이었고, 서양 학문을 배운다는 것은 오랑캐에게 영혼을 팔아넘기는 것"으로 이해되었지. 루쉰의 어머니도 사랑하는 아들이 걸어가게 될 가시밭길을 걱정했어. 하지만 루쉰은 달랐어.

"졸업하고 귀국하면 내 아버지처럼 잘못된 치료를 받고 있는 환자의 고통을 덜어 주리라. 전쟁이 나면 군의(軍醫)가 될 것이고, 한편으로는 국민들에게 문명의 새로움을 심어 주리라."

환등기 속에서
병든 세상을 보다

루쉰은 스물넷에 일본의 센다이 의대에 입학했어. 열여덟에 고향집을 떠나 일본에 유학하기까지 장난 수사학당과 광무철로학당에 다니며 신학문을 배웠지만 그의 높은 이상과 열정을 채워 주지는 못했지. 당시 친구에게 보낸 편지에서 그는 이렇게 말했어.

"학교 공부가 바빠서 하루도 쉴 틈이 없어. 지금은 물리, 화학, 해부, 조직, 독일어 등을 배우고 있는데 진도가 너무 빨라서 따라가기가 힘들어. 특히 조직과 해부 과목은 라틴어와 독일어도 사용하기 때문에 매일 암기하지 않으면 안 돼. 그나마 선생님의 말은 이해할 수 있어서 다행이야. 운이 좋아서 졸업을 하게 된다면 사람을 죽이는 의사는 되지 않겠다고 생각하고 있어."

경전을 암기하며 과거 시험을 준비했던 루쉰에게 서양식으로 짜여 있는 의대 수업은 감당하기가 쉽지 않았을 거야. 그러나 그는 '사람을 죽이는 의사는 되지 않아야겠다.'는 생각으로 열심히 공부에 임했지. 잘못된 치료로 돌아가신 아버지 같은 경우가 다시는 생겨나지 않기를 간절히 바라면서 말이야. 그는 좋은 직업을 갖기 위해, 혹은 출세하기 위해 공부를 한 게 아니었어. 개인의 출세보다 더 큰 꿈이 있었는데, 그것은 바로 가족과 나라를 위해 무엇인가 보람 있는 일을 하고 싶다는 포부였어.

지금 우리는 왜 공부하는가에 답할 겨를도 없이 학교와 학원을 오가며 미친 듯이 공부하고 있지? 좋은 대학에 진학하기 위해서? 더 좋은 직업을 갖기 위해서? 더 많은 부와 권력을 갖기 위해서? 부모님을 기쁘게 해 드리기 위해서? 물론 사회와 국가를 위해 공부하는 것은 훌륭하고, 개인의 삶을 위해 공부하는 것은 훌륭하지 않다는 이야기가 아니야. 중요한 것은 나 자신을 위한 공부여야 한다는 점이지.

공부란 내 삶의 주인이 내가 되기 위해 하는 거야. 그러므로 내가 행복해질 수 있는 공부, 나와 함께 사는 사람들이 더불어 행복해질 수 있는 공부가 진짜 공부지. 루쉰이 바란 공부도 그런 것이었어. 모두가 병 없이 행복하게 사는 세상을 위해, 몸의 고통에서 벗어날 수 있는 법을 배우기 위해 그는 공부했던 거야.

사람들의 삶의 목표는 아주 사소한 계기에 의해 생기기도 하고 사라지기도 하지. 루쉰도 그랬어. 아버지의 병과 죽음을 경험하면서 의

도쿄 유학 시절의 루쉰 1904년 도쿄
센다이 의학 전문학교에 입학한 해
친구들과 찍은 사진이다. 루쉰(뒷줄
오른쪽)이 스물네 살 때다.

사의 꿈을 갖게 되었지만, 수업 시간에 우연히 보게 된 한 편의 영상
은 그를 전혀 다른 삶으로 이끌었어. 훗날 사람들이 '환등기 사건'이
라고 부르게 된 그날의 체험으로 루쉰은 몸의 병을 고치는 의사에서
마음의 병을 고치는 사상가가 되는 것으로 인생의 목표를 바꾸게 돼.

미생물학을 가르치는 방법이 지금은 어느 정도로 진보했는지 잘
모르지만, 당시에는 환등을 사용해서 미생물의 형태를 비춰 보여
주었다. 가끔씩 강의가 끝나고 시간이 남을 때면 교수님은 풍경

이나 시사에 관계되는 필름을 보여 주면서 남은 시간을 때우곤 했다. 그때가 마침 러·일 전쟁 중이어서 전쟁에 관한 필름이 많았다. 나는 그런 시간이면 늘 동급생들의 박수갈채에 장단을 맞춰야 했다. 한번은 화면에서, 오래전에 헤어졌던 많은 중국인을 갑자기 보게 되었다. 가운데에 한 사람이 묶여 있고, 주위엔 많은 사람이 둘러서 있는 장면이었다. 모두 건장한 체격이었지만 넋이 빠진 듯 멍청한 표정들이었다. 해설에 의하면, 묶여 있는 중국 사람은 러시아를 위해 군사상의 기밀을 정탐했기 때문에 본보기로 일본군이 목을 자르려 한다는 것이었다. 둘러선 사람들은 이 일을 구경하러 온 사람들이라고 했다.

—『자서』 중에서

오랜만에 환등기를 통해 보게 된 반가운 동족들. 그러나 그들은 러시아의 간첩 노릇을 했다는 죄목으로 일본 군인들에 의해 처형되는 동족의 모습을 멍하니 구경만 하고 있었어. 당연히 루쉰은 다른 일본인 동급생들처럼 박수치며 재미있게 관람할 수가 없었겠지. 처형당하는 자도, 이를 무심히 구경하는 자도 모두 그의 동족이었으니까.

루쉰은 수치심에 큰 충격을 받았어. 자신이 지금 무엇을 보고 있는지도 모르는 듯 멍청한 표정을 짓고 있는 구경꾼들이 간첩 노릇을 하다 처형되는 자들보다 더 부끄럽게 느껴졌어. 그 순간 루쉰은 의사가 되고자 하는 자신의 꿈마저 회의가 들었지. 그는 결국 의학 공부를 시작한 지 2년도 안 돼 꿈을 접었어. 그는 그때의 심경을 훗날 이렇게 털어놓았지.

무릇 어리석고 약한 국민은 체격이 제아무리 건장하고 튼튼하다 하더라도 하잘것없는 본보기의 재료나 관객밖에는 될 수 없다. 병으로 죽어 가는 사람이 아무리 많다 해도, 그런 일은 불행이라고 할 수도 없다. 그러므로 우리가 첫 번째로 해야 할 일은 그들의 정신을 뜯어고치는 것이었다. 정신 상태를 뜯어고치는 데 가장 좋은 것은, 당시에는 당연히 문예라고 생각했다. 그래서 문예 운동을 제창하리라고 작정했다.

—『자서』중에서

환등기 속에서 발견한 병든 중국은 의학으로는 치유될 수 없음을 루쉰은 깨달았어. 그가 보기에 중국의 병은 몸에 있는 게 아니라 정신에 있었거든. 유럽 열강들이 거대한 중국을 집어삼키기 위해 호시탐탐 노리고 있는 것을 아는지 모르는지, 중국인들은 깊은 잠에 빠져 있는 듯 보였어.

잠을 잔다는 건 어찌 보면 고통에 빠져 있는 것보다 더 위험한 일이야. 고통에 빠진 사람은 거기서 벗어나기 위해 발버둥이라도 치지만 깊은 잠에 빠진 사람은 아무것도 자각하지 못한 채 서서히 죽음으로 빠져들 수 있거든.

환등기 사건으로 루쉰은 공부의 새로운 방향을 발견하게 돼. 자신이 어떤 병에 걸렸는지, 얼마나 큰 고통과 불행 속에서 살고 있는지를 알지 못하는 사람들과 대면한 순간 다시 한 번 새로운 결심을 하게 된 거야. 병든 정신을 치유하는 사람이 되기 위한 공부, 깊은 잠에 빠진 사람들을 깨우기 위한 공부를 하기로 결심했는데, 그것이 바로 문예였고 글쓰기였지. 중국의 위대한 사상가이자 문학가 루쉰은 이렇게 탄생하게 돼.

민족의 정신을 치유하는
사상가의 길

문예로 중국인의 정신을 치유하겠다는 루쉰의 결심은 결코 만만한 게 아니었어. 낡은 유교식 사고방식과 이를 기록해 온 한문이 그대로 유지되는 한, 새로운 문예를 주창한다거나 사람들의 정신을 바꾸는 일은 거의 불가능에 가까웠거든. 더군다나 자신들이 세계의 중심이라고 생각하는 중화주의적인 사고가 새로운 시대에 적응하는 것을 크게 방해했지.

당시 많은 젊은이가 새로운 학문을 배우기 위해 외국으로 유학한 것은 사실이었어. 하지만 대부분은 법학, 정치, 물리, 화학, 경찰, 공업 같은 실용 학문에 뜻을 두었을 뿐, 문예에 관심을 두는 사람은 매우 드물었지.

루쉰은 당시 중국과 비슷한 처지에 있었던 러시아와 폴란드 작가들이 쓴 저항적인 문학 작품들을 번역했고, 친구들과 문예 잡지를 창간하려고 동분서주 바삐 활동했어. 유학생들이 존경하던 스승들을 찾아다니며 열심히 강의도 들었지.

그러던 어느 날, 고향에서 날아온 한 장의 전보 때문에 그는 하던 일을 모두 중단하고 급히 고향으로 돌아가야만 했어. 어머니가 위독하시다는 내용이었지. 그런데 이는 루쉰을 고향으로 불러들여 결혼시키려고 꾸민 일이었어. 효성이 지극했던 루쉰은 어머니의 간절한 소망을 뿌리치지 못하고 마음에도 없는 결혼을 하게 돼.

그때는 지금처럼 연애나 결혼이 자유롭지 않은 시대였지만, 루쉰은 전족◆을 하지 않고, 자기 생각을 자유롭게 말할 수 있는 여인을 만나고 싶은 소박한 소망이 있었거든. 전족에서 해방되고 자기 생각을 자유롭게 말한다는 것은 부당한 옛 관습으로부터 자유로워진다는 의미였어. 또한 여자란 어려서는 아버지에게, 결혼해서는 남편에게, 남편이 죽은 뒤에는 아들의 뜻에 따라 살아야 한다는 '삼종지도'라는 오래된 관습에서 벗어나 하나의 인격체로 자신의 삶을 당당히 살아간다는 것을 의미했지.

◆전족
전족이란 중국에서 여자의 발을 작게 하기 위해 헝겊으로 힘껏 동여매던 풍습을 가리키는 말이다. 중국인들은 전통적으로 발이 작은 여인을 아름답다고 여겨 여자가 3세~4세가 되면 발이 자라지 못하도록 발에 헝겊을 동여매고 조그만 신을 신었지만 지금은 거의 사라졌다.

사실 옛 풍습에 젖어 있는 사람에게 당시 현실은 가혹하기만 했어. 『복을 비는 제사』에서 샹린댁의 비참한 말로가 그러한 현실을 생생히 보여 주지.

새로운 문물과 사상을 접했던 루쉰에게 애정 없는 결혼은 받아들일 수 없는 요구였어. 하지만 그는 어머니의 간절한 소망을 거절할 수가 없었지. 그렇게 고향에서 결혼한 후 루쉰은 가족의 생계를 책임지기 위해서 한동안 학교에서 학생들을 가르쳤고, 교육부에서 일을 하기도 했어.

그러는 동안 신해혁명이 일어났어. 루쉰은 새로운 나라에 대한 부푼 기대를 안고 활발히 혁명에 동참했지. 연설대를 조직하고, 신문에 글을 기고하고, 진지한 토론의 자리를 만들었어. 그러나 새로운 혁명군 정부는 이전의 부패 관료들과 크게 다르지 않았어. 일반 민중들도 혁명의 내용보다는 형식적이고 피상적인 것에만 관심을 기울였지. 혁명은 점점 '말뿐인 것'으로 되어 갔어. 신해혁명은 『아Q정전』에서 말하는 가짜 혁명이었던 거야.

소설 『풍파』에서도 루쉰은 '변발'의 에피소드를 통해 말뿐인 혁명을 신랄하게 풍자했어. 그 시대에 변발을 자르는 행위는 혁명의 상징이자 혁명에 동참한다는 자기표현이었지만, 그것이 깊은 자각에서 나오지 않고 시류에 휩쓸린 제스처에 불과할 때 곤혹스러운 일이 벌어질 수 있었지. 소설의 주인공 칠근은 혁명 때 마을에서 가장 먼저 변발을 잘랐지만, 다시 황제가 등극했다는 소문을 듣고 크게 당황스러

위해. 황제가 백성들에게 변발을 요구한다고 마을의 노인이 겁을 주었거든.

그러자 칠근의 모친은 "대대로 못해져만 간다."라는 푸념만 늘어놓았고, 아내도 남편의 성급한 행동을 나무랐어. 그 자신 또한 우왕좌왕하지. 그러나 황제의 등극이 소문으로만 끝나자 그는 다시 변발이 없다는 이유로 마을 사람들의 존경을 받게 돼.

1912년 2월, 루쉰은 정부가 있는 난징으로 가서 교육부 직원이 되었어. 혁명 정부의 교육부라면, 새로운 시대의 인재들을 교육하기 위한 업무로 무척이나 바빠야 할 것이지만 루쉰은 할 일이 별로 없었어. 혁명 정부가 이미 혁명의 의지를 잃어 가고 있었기 때문이지. 그해 봄 정부는 수도를 베이징으로 이전하는데 이때부터 총통인 위안스카이가 진보적이고 혁명적인 인물들을 본격적으로 탄압하기 시작해.

실패로 돌아간 신해혁명을 보며, 루쉰은 대단히 실망했어. 낡고 부패한 과거의 잔재는 청산되지 못했고, 새로운 시대의 정신과 능력을 지닌 인물은 환영받지 못했어. 루쉰은 세상과 담을 쌓고 옛날 비문이나 베끼면서 울분을 달래고 있었지.

그러는 동안 신해혁명의 성과를 물거품으로 만들어 버린 위안스카이가 죽었어. 그러자 민중들과 젊은 지식인들이 다시 한 번 새로운 나라를 세울 희망에 부풀기 시작했어. 그러나 보수 세력들의 저항도 만만치 않았지. 중국 땅 곳곳에서 혁명을 원하는 사람들과 이를 저지하려는 움직임이 충돌하면서 어수선한 나날들이 흘러갔어.

역사는 늘 좋은 쪽으로만 변화하고 발전하는 것은 아니야. 예를 들어, 1789년 프랑스 혁명으로 프랑스의 절대왕정은 막을 내렸지만 그 후에도 기득권 세력의 착취는 계속되었고, 프랑스 민중들은 오랫동안 고통 속에서 살아야 했어. 우리나라도 1987년 군사 독재를 끝내기 위해 민주화 운동이 불같이 일어났지만 다시 군인 대통령이 선출되는 웃지 못할 상황이 벌어졌지.

중국의 신해혁명도 비슷했어. 청 왕조를 끝낸다는 기쁨도 잠시, 혁명의 주체가 되어야 할 민중들은 진정한 자각을 하지 못했고, 사사로운 이익에만 골몰한 무리들이 혁명 세력에 끼어들며 참담한 결과로 이어진 거야.

쇠 방에서 잠든 사람들을
깨우기 위해

그러던 어느 날, 또 한 번의 우연이 루쉰을 찾아왔어. 친구인 첸쉬안퉁이 고독하게 시간을 견디고 있던 루쉰을 만나러 온 거야.

"자네 이런 걸 베껴서 무엇에 쓰려고 하나?"
어느 날 밤, 그는 내가 베낀 옛 비문의 초본을 펼쳐 보며 궁금한 듯이 물었다.
"아무 소용도 없어."
"그럼 무엇 때문에 베끼고 있나?"
"아무 이유 없네."
"내 생각엔 자네가 글을 좀 썼으면 해……."

나는 그 뜻을 알 수 있었다. 그들은 지금 『신청년』이라는 잡지를 만들고 있었는데, 당시엔 특별히 찬성하는 사람도, 반대하는 사람도 없는 것 같았다. 필시 그들도 적막감을 느끼고 있었으리라. 그러나 나는 말했다.

"가령 말일세, 창문도 없고 절대로 부술 수도 없는 쇠로 된 방이 하나 있다고 하세. 그 안에 많은 사람들이 깊이 잠들어 있네. 오래지 않아서 모두 숨이 막혀 죽을 거야. 물론 혼수상태에서 사멸돼 가고 있는 그들은 죽음의 비애 따위는 느끼지 못할 걸세. 그런데 지금 자네가 큰 소리를 질러 그나마 의식이 뚜렷한 몇 사람을 깨워 일으켜서, 그 소수의 불행한 이들에게 구제될 수 없는 임종의 고통을 겪게 한다면, 자네는 그들에게 미안하지 않겠는가?"

"그러나 몇 사람이라도 일어난다면 그 쇠로 된 방을 부술 희망이 전혀 없다고 할 수 없지 않은가?"

그렇다. 나는 비록 나름대로의 확신을 가지고 있었지만, 희망에 대해서 말하자면 그것을 말살시킬 수는 없는 것이다.

—『자서』중에서

첸쉬안퉁은 능력 있는 친구가 세상과 담을 쌓은 채, 어두운 방 안에 홀로 앉아 오래된 글자나 베껴 쓰고 있는 모습이 안타까웠어. 시대는 바야흐로 혁명의 기운이 다시 꿈틀거리고 있을 때였거든. 이전의 신해혁명이 정치 체제를 바꾸는 게 목표였다면, 이때의 혁명은 사람들의 생활 방식과 문화 전반을 바꾸는 것을 목표로 삼았어. 이것이 바로 1917년 무렵부터 유학생 출신의 신지식인들을 중심으로 시작된 신문화운동(142~143쪽 참조)이었지. 신문화운동의 주체들은 『신청년』이라는 잡지를 통해 중국의 민중들에게 새로운 언어, 생활, 지식, 문화 등을 보급하고자 했는데, 첸쉬안퉁은 이 운동에 루쉰을 참여시키고 싶었던 거야.

루쉰과 첸쉬안퉁은 일본 유학 시절부터 의기투합했던 사이였어. 그들은 그때 이미 문예를 통해 병든 중국을 치유해야 한다고 뜻을 모았고, 잡지를 만들어 이 일을 진행하려고 했지. 하지만 그들의 이러한 시도는 '찬성도 반대도 얻지 못한 채' 실패로 끝나 버렸어.

루쉰은 친구에게 이렇게 묻지. 쇠로 된 방에서 잠들어 있는 사람들을 깨우는 일이 옳은가? 만약 그들이 깨어났지만 그 방을 탈출하지 못한다면 그들이 겪을 좌절과 공포는 어떻게 감당할 텐가? 그러자 첸쉬안퉁은 이렇게 답했어. 몇 사람이라도 잠든 사람들을 깨울 수 있다면 희망이 있는 것이고, 작은 희망이라도 있다면 우리는 행동해야만 한다고.

쇠로 된 방에서 사람들이 잠을 자고 있을 때 깨어 있는 자들은 어떻게 해야 할까? 그대로 둔다면 자는 동안 모두 다 질식해 죽겠지. 하지만 몇 사람이라도 잠에서 깨어난다면 그들이 힘과 지혜를 모아 모두 그 방에서 빠져나올지도 모르는 일이야. 쇠로 된 방 어딘가에 금이 있을지도 모르고, 힘을 합한다면 쇠를 뚫을 수 있을지도 모를 일이

거든. 그렇게만 된다면 모두 다 살 수 있어. 하지만 실패한다면, 깨어 있는 사람들은 극도의 공포 속에서 죽음을 맞이하게 될 거야. 자, 그럼 어떻게 해야 할까?

쇠로 된 방은 중국이고 잠자고 있는 사람들은 중국의 민중들이며, 깨어 있는 몇몇 사람은 루쉰 같은 신청년들이었어. 마치 잠에 빠진 듯 오로지 명령에 복종하는 삶만을 살아 온 대다수의 민중들. 그들은 다름 아닌 루쉰이 의대에 다닐 때 환등기에서 본 구경꾼들이기도 했지. 이들을 깨우는 일이 무엇보다 절실한 상황이었어.

루쉰은 계속 고집을 부릴 수만은 없었지. 세상을 바꾸기 위해, 그리고 펜을 들어 사람들의 정신을 치유하는 사람이 되겠다는 꿈을 이루기 위해 그는 격변의 시대 한가운데로 뛰어들게 돼.

신문화운동과
5.4운동

신문화운동은 1917년부터 1921년에 걸쳐 중국에서 진행되었던 계몽운동이다. 루쉰, 천두슈, 후스 등 외국에서 유학하고 돌아온 신지식인들이 중심이 되어 『신청년』이라는 잡지를 만들고 활발히 활동해 나갔다. 그들은 봉건적 구습과 결별하고 새로운 사상을 받아들여 나라를 바로 세워야 한다고 주장했다.

이런 내용을 널리 확산시키고 공감을 얻기 위해서는 무엇보다도 언어 문제를 해결하는 것이 급선무였다. 소수의 지배층과 지식인들만이 사용할 수 있던 어려운 한자를 민중들도 자유롭게 읽고 쓸 수 있도록 개량하는 데 앞장섰다. 이것이 '백화문 운동'이다. 『신청년』에 실린 글들은 모두 백화문으로 작성되었는데, 루쉰이 고독한 칩거 생활을 청산하고 세상으로 다시 나와 처음 발표한 소설 『광인일기』 또한 백화문으로 쓰였다.

1919년 5월 4일 베이징의 대학생을 중심으로 일어난 5.4운동은 신문화운동의 중요한 성과이자 결과였다. 봉건적 사회제도에 반대하고 인습적인 도덕의 타파를 부르짖으며 일어난 이 운동은 우리나라의 3.1운동에서 영향을 받았다. 5.4운동의 결과 중국은 비로소 봉건적인 세계로부터 벗어나 근대화의 길을 걷기 시작했다.

『신청년』을 통해 신문화운동을 벌여 나갔던 청년들에게 루쉰은 소중한 존재였다. 일본 유학 시절, 서양의 문학 작품을 번역하거나 사상을 소개하는 논문으로 실력을 인정받았기 때문이기도 하지만, 무엇보다도 청년들은 루쉰의 높은 식견과

『신청년』 제4권 제5호 표지 목차의 오른쪽에서 네 번째가 『광인일기』다. 루쉰은 1918년 5월 15일에 발행된 이 잡지에서 '루쉰'이라는 필명을 처음으로 썼다. 상하이 루쉰 박물관 소장.

인품을 존경했다. 루쉰과 함께한다면 천 명 이상의 동지를 얻은 것과 다르지 않다고 생각했다. 하지만 루쉰을 다시 세상으로 끌어내는 일이 쉽지만은 않았다.

　루쉰은 희망을 품는 일에도 신중해야 한다고 생각했다. 젊은 시절 그 또한 신해혁명으로 세상이 바뀌고, 문예를 통해 중국의 병든 정신을 치유할 수 있을 것이라고 믿었지만, 희망은 그의 마음처럼 쉽게 현실로 바뀌지 않음을 절감했기 때문이다. 희망을 현실로 바꾸기 위해서는 치밀한 계획과 끈질긴 노력이 필요하고, 실패했을 때도 좌절하지 않고 끝까지 목표를 향해 나아갈 수 있는 한결같은 마음이 필요하다고 그는 생각했다.

광인과 전사, 잠든 세상을 깨우고
아이들을 구하다

다시 세상으로 나온 루쉰이 제일 먼저 한 일은 잠들어 있는 사람들을 깨우기 위해 소설을 발표한 것이었어. 1918년 『신청년』이라는 잡지에 『광인일기』를 발표했지. 정신 이상자가 쓴 일기 형식으로 되어 있는 이 소설에서 잠들어 있는 사람들은 '식인'으로 묘사돼. 그런데 잠자는 사람이 왜 식인일까?

사람이 사람을 먹는 행위는 야만적인 것이고, 문명화된 인간에게는 전혀 어울리지 않는 악습이지. 그런데 정작 식인들은 그렇게 생각하지 않아. 그들은 오랜 기간 사람을 먹어 왔기에 그것이 자연스러운 일인 거야. 그들 중에 누군가 사람을 먹는 것은 나쁘다고 생각하고 내일부터는 사람을 먹지 말자고 한다면, 그는 식인들 사이에서 미치광이 취급을 당하게 될 거야.

오랫동안 이어져 내려온 중국 사회의 차별과 이를 유지해 온 유교적 이념을 루쉰은 식인의 풍습이라고 생각했어. 모두 당연한 듯 식인의 풍습에 빠져 잠들어 있는 모습을 보며 광인의 입을 빌려 절규하지.

너희는 지금 당장 마음을 고쳐라. 진심으로 마음을 고쳐먹어라!
이제 머지않아 사람을 잡아먹는 놈들은 이 세상에서 살 수 없게
된다는 것을 알아야 해……!

—『광인일기』 중에서

식인의 습관을 버리라고 절규하는 광인의 외침은 쇠로 된 방에 갇혀 잠들어 있는 사람들을 깨우는 외침이기도 해.

여기에는 과거의 구습과 단절하고 새로운 정신으로 무장해야 중국을 위기에서 구할 수 있다는 루쉰의 강한 주장이 담겨 있어. 부당한 현실과 자신의 처지에 대해 자각하지 않는 한 희망도 미래도 없다고 그는 말하고 싶었던 거야. 이후로 루쉰의 모든 글은 잠들어 있는 중국을 깨우는 외침이었어. 또한 병든 중국을 치료하는 의사의 메스였고, 악한 것과 싸우는 전사의 투창이었어.

『광인일기』의 마지막 부분에서 "사람을 잡아먹어 본 적이 없는 아이들이 혹 아직도 있을는지? 아이들을 구해야지……"라는 대목이 나와. 이 소설의 중요한 단서이기도 한 이 구절의 의미를 좀 더 살펴보자꾸나.

소설에서 광인은 사람들이 자신을 잡아먹으려 한다는 피해망상에 시달리는 환자야. 그는 식인의 풍습이 아주 오래전부터 있어 왔을 뿐만 아니라, 사람들이 전혀 의심하지 않는 '인의(仁義) 도덕(道德)'에까지 숨어 있다는 사실을 발견해. 그렇다면 이런 식인의 풍습은 어떻게 유지되어 왔던 걸까? 그것은 바로 '교육'을 통해서였어.

광인은 자신을 보고 쑥덕거리는 아이들을 보며 생각하지.

"하지만 어린아이들은? 그 무렵이라면 아직 그 아이들이 태어나지도 않은 때였는데, 그들은 왜 날 해치려는 눈초리로 째려보는 것일까? 이건 정말 난감하고 마음 아픈 일이다. 알겠다! 그들의 애비, 에미가 가르친 게 분명해."

식인 풍습은 이런 식으로 유전되고 학습되면서 무비판적인 습관으로 자리 잡게 된 거야. 루쉰이 '사람을 잡아먹어 본 적이 없는 아이들'에게서만 진정한 희망을 본 것 역시 그 때문이었어.

물론 사람을 잡아먹어 본 적이 있는 사람이라도 진심으로 마음을 고쳐먹고 노력한다면 희망은 있었지. 루쉰 자신도 그랬거든. 젊은 시절, 루쉰 역시 과거 시험을 보겠다고 오래된 경전들을 아무런 의심 없이 파고들었고, 아버지의 병을 고쳐 보겠다고 터무니없는 처방을 좇았어. 그뿐만 아니라, 세력 있는 집안의 자손으로 나이 많은 사람들을 부리고 명령하는 것을 당연하게 여기기도 했지. 그러던 그가 자신과 세상을 더 나은 방향으로 바꾸고 싶다고 생각한 순간, 비로소 식인의 풍습으로부터 벗어날 수 있었던 거야.

이런 점에서『광인일기』는 루쉰에게 새 세상을 향한 일종의 출사표인 셈이었어. 사람을 잡아먹는 삶이 옳지 못하다는 것을 자각하고 이를 세상에 설득하는 것은 물론, 아직 악습에 물들지 않은 아이들을 구하기 위해 스스로 전사가 되겠다는 선언과도 같았지.

젊은 시절의 나처럼 꿈에 부풀어 있는 젊은이들에게 내가 겪기에 고통스러웠던 적막감을 결코 전염시키고 싶지 않다.

—『자서』중에서

희망은 새로운 세대로부터
나온다

그 후 루쉰은 글을 무기 삼아 정신의 질병에 맞서 싸우기 시작했어. 몸의 질병은 정확한 진단과 처방으로 치유가 가능하지만, 정신의 질병은 눈에 보이지도 않고 쉽게 자각되지도 않는 법이지. 그러나 루쉰은 좌절하지 않았어. "그래도 세상에 정말로 살아가고자 하는 사람이 있다면, 우선 당당히 말하고 웃고 울고 화내고 욕하고 싸우며 이 저주스러운 곳에서 저주스러운 시대를 물리쳐야 할 것이다!"라고 세상을 향해 소리 높여 외쳤지.

첫 번째 소설집의 제목을 『납함(吶喊)』이라고 했던 것도 그런 의미였어. 납함이란 '크게 외치다.'라는 뜻이거든. 쇠로 된 방에서 잠들어 있는 사람들을 깨우듯 루쉰도 자기 소설들로 세상 사람들을 깨우치기를 바랐던 거야.

『납함』 표지 1926년에 출간된 상하이베이신서국
조합총서 1 『납함』의 표지이다.

　루쉰은 어린아이나 가난한 사람, 병든 노인 같은 약자들이 희망을
안고 살아갈 만한 세상을 만들기 위해 글을 쓴 한편, 자신의 힘을 믿
고 권력을 휘두르는 비겁한 지식인이나 탐욕스러운 지주들과는 늘
맞서 싸웠어.

　적을 식별하기란 쉬운 일이 아니었지. 자선가, 학자, 문필가, 군자
등 정의롭고 아름다운 인물의 탈을 쓰고는 마치 가난하고 힘없는 사
람들을 위하는 척하며, 학문이나 도덕, 정의 같은 달콤한 말을 일삼는
사람 대부분은 더 큰 권력에 아부하며 자신의 잇속을 챙기는 데만 관
심 있는 속물이었거든. 루쉰은 전사란 혼자서 그런 적들의 실체를 밝
히고 싸우는 자라고 말했어.

『아Q정전』 표지 동화서국에서 발간된 중일문 대조 『아Q정전』 표지(왼쪽)와 우리나라에서 1963년에
번역된 루쉰 소설 선집 표지(오른쪽)이다.

몽매하면서도 새하얀 모제르총을 메고 있는 아프리카 원주민 같
지도 않고 무기력하면서도 대형 권총을 차고 있는 중국의 녹영
병사들 같지도 않다. 그는 쇠가죽과 폐철로 만든 갑옷의 비호를
바라지 않는다. 있는 그대로의 모습에 무기는 야만인이 사용하는
투창뿐이다.

—『이러한 전사』 중에서

단편집 『방황』 표지 『방황』은 1926년에 출판된 단편집이다. 유럽의 시각 예술을 소개하고 널리 알리고자 했던 루쉰은 판화와 표지 디자인에도 깊은 관심을 기울였다.

　있는 그대로의 모습에 투창을 든 전사. 루쉰이 묘사한 전사의 모습은 그랬어. 루쉰에게는 펜이 바로 그런 전사의 투창이었지.

　전사는 자기 자신을 위해 혹은 어떤 이익을 위해 싸우지 않아. 『광인일기』에서 "사람을 먹어 본 적 없는 아이들을 구해야겠다."라는 광인의 말은, 사실 전사의 다짐 같은 거야. 전사는 기성세대의 부정부패, 낡은 관습과 제도들, 그리고 사람들 안에 뿌리 깊게 자리 잡고 있는 노예근성과 패거리주의에 맞서 싸우지. 거기에 물들지 않은 새로운 세대에게 '자신들이 한 번도 가져 본 적 없는 새로운 삶'(『고향』)을 주기 위해서 말이야.

　루쉰은 이처럼 '식인의 풍습'과 싸울 때는 무시무시한 전사였다가도 젊은 세대와 만날 때는 더없이 인자하고 자애로운 스승이었어.

강단에서는 그의 강의를 들으려는 학생들이 늘 넘쳐났고, 그의 책상 위에도 지도를 바라는 학생들의 원고뭉치가 산더미처럼 쌓여 있었어. 연구와 강의, 글쓰기에도 부족한 시간이었지만 루쉰은 늘 학생들을 위해 자기 방문을 열어 두었다고 해. 도움을 바라는 학생들의 청을 거절하는 법이 없었고 젊은이들을 위해 늘 무언가 해 주려고 했어.

루쉰의 서재에 드나들던 한 청년은 훗날 이렇게 회고했지.

"루쉰 선생의 집에는 침대와 광주리, 옷 궤짝과 책상밖에 없었다. 이부자리를 챙기고 광주리와 궤짝만 들고 나가면 그는 언제라도 나그네가 될 수 있었다. 그는 항상 싸움의 길에서 걸음을 멈추지 않았고 안락한 생활을 꿈꾼 적도 없었다."

1925년 무렵, 루쉰이 근무하던 베이징 여자 사범 대학에서 부패한 교육제도에 맞서 싸우던 학생들 몇몇이 부당하게 희생된 일이 있었어. 루쉰은 이 사건에 크게 분노했지. '사람을 잡아먹어 본 적 없는 어린아이'를 구하기 위해 전사가 되었건만 때로는 그런 아이들이 불의에 희생되는 모습을 보아야만 했던 거야. 그런 심정을 루쉰은 이렇게 표현했어.

기로에 서 있으면 발을 내딛기가 거의 어려울 것이며, 네거리에 서 있으면 갈 수 있는 길이 너무 많습니다. 나는 아무것도 두렵지 않습니다. 생명은 내 것이니까. 나는 큰 걸음으로 스스로 걸어갈 만하다고 생각하는 길을 걸어가도 무방합니다. 설령 앞에

베이핑의 다섯 강연 루쉰은 1932년 11월 베이핑 대학 등에서 다섯 차례에 걸쳐 강연을 했다. 루쉰의 강연을 듣기 위해 수많은 학생들이 모였다.

심연이 있고, 가시밭길이 있고, 협곡이 있고, 불구덩이가 있어도 나 스스로 짊어지면 됩니다. 그렇지만 청년들에게 말하는 것은 어렵습니다.

—「북경통신」에서

그는 젊은 세대들이 자신의 미래를 희생해서 세상을 바꾸려고 하는 것을 가슴 아파 했어. 세상을 바꾸는 일은 자신과 같은 어른들의 몫이라고 생각했기 때문이야. 그래서 루쉰은 전사들에게 외롭고 고독하더라도 젊은이들을 희생시키지 말고 혼자서 세상의 불의와 끝까지 싸워야 한다고 강조했어. 또한 젊은이들에게는 기성세대에 기대지 말고 스스로 자신의 삶을 개척해 나가라고 충고했지. 그리고 겉보기에만 번듯한 스승을 찾지 말고, 새로운 삶을 함께 개척해 나갈 친구를 찾으라고 당부하기도 했어.

청년들이 어째서 하필 황금 글씨의 간판을 내걸고 있는 스승을 찾는단 말인가? 그러기보다는 친구들과 연합해 함께 생존할 수 있는 방향으로 나아가는 편이 나을 것이다. 그대들은 왕성한 생명력을 가지고 있으니 깊은 숲을 만나도 평지로 일굴 수 있고, 광야를 만나도 나무를 심어 재배할 수 있고, 사막을 만나도 우물과 샘을 팔 수 있다. 가시덤불이 꽉 들어찬 낡은 길을 물어 무얼 하겠는가!
—『스승』중에서

루쉰은 오늘날까지도 그의 글을 읽는 모든 젊은이에게 훌륭한 스승이 되고 있어. 싸울 때는 끝까지 자신이 옳다고 생각하는 것을 관철시켰고, 인정에 사로잡혀 상대를 봐주거나 대충 눈감아 주는 법이 없었지. 이런 올곧은 성격이 그에게 많은 적을 만들어 주기도 했지만, 적들조차 그의 진심을 의심하진 않았다고 해. 루쉰이 쉰여섯이라는 많지 않은 나이에 세상을 떠났을 때, 많은 중국인이 그를 '중국 문예의 아버지'라고 칭송하며 그의 죽음을 진심으로 애도했지.

4장

루쉰의 메시지를
읽는 시간

이제 우리는 루쉰의 '잡문' 몇 편을
감상하게 될 거야. 잡문이란 일정한 형식에 얽매이지 않고 자유롭게
쓴 글을 말해. 루쉰의 유머나 풍자 혹은 사람에 대한 깊은 애정과 삶
에 대한 진정성을 좀 더 가깝게 만날 수 있는 글이야. 우리가 앞에서
살펴보았던 『아Q정전』에 대해 다시 한 번 곱씹어 볼 수 있는 내용들
위주로 골라 보았어. 루쉰의 다음 글들을 읽고 그 의미를 자유롭게 생
각해 보고 글로도 써 보기를 바라.

이러한 전사

이러한 전사는 없을까.

몽매하면서도 새하얀 모제르총을 메고 있는 아프리카 원주민 같지도 않고, 무기력하면서도 대형 권총을 차고 있는 중국의 녹영 병사들 같지도 않다. 그는 쇠가죽과 폐철로 만든 갑옷의 비호를 바라지 않는다. 있는 그대로의 모습에 무기는 야만인이 사용하는 투창뿐이다.

그가 무물(無物)의 진영에 발을 들여놓자, 만나는 사람마다 모두 그에게 격식대로 인사를 한다. 그 인사가 적의 무기이고, 사람을 죽이지만 피를 보지 않는 무기라는 것, 많은 전사들이 그 때문에 멸망했다는 것, 포탄과 마찬가지로 용사의 힘을 위축시키는 무기라는 것을 그는 알고 있다.

그들의 머리 위에는 온갖 깃발이 꽂혀 있고, 갖가지 아름다운 칭호

가 수놓아 있다. 자선가, 학자, 문사, 장로, 청년, 속인, 군자……. 머리 아래에는 갖가지 웃옷에 온갖 아름다운 무늬가 수놓아 있다. 학문, 도덕, 국수, 공론, 논리, 정의, 동방 문명…….

그러나 그는 투창을 치켜든다.

그들은 입을 모아 맹세한다. 자기들은 중앙에 심장이 있으며, 다른 인류처럼 한쪽에 붙어 있지 않다고. 모두 가슴에 호심경(護心鏡)을 차고 있는데, 이는 심장이 가슴 중앙에 있다는 징표이다.

그러나 그는 투창을 치켜들었다. 그가 미소 지으며 옆구리를 겨냥해 던지자, 바로 그들의 심장을 꿰뚫었다. 모든 것이 무너져 내렸다. 그러나 웃옷만은 남았다. 그 안에는 아무것도 없었다. 도망친 무물의 사람은 승자였다. 왜냐하면 그는 자선가 등의 사람들을 살해한 범인이었으므로.

그러나 그는 투창을 치켜든다. 그는 무물의 진중을 큰 걸음으로 나아간다. 다시금 격식대로의 인사와 온갖 깃발과 웃옷과…….

그러나 그는 투창을 치켜든다. 마침내 그는 무물의 진중에서는 나이 들어 수명이 다했다. 그는 마침내 전사가 아니며 무물의 물(物)이 승자였다.

이런 곳에서는 칼과 방패 소리가 들리지 않는다. 세상은 태평하다.

태평…….

그러나 그는 투창을 치켜든다!

■1925년 12월에 발표된 「이러한 전사」는 작품집 『야초』에 수록되어 있어. 여기서 전사는 루쉰의 자화상 같은 존재이지. 이 책의 3장에서 이야기한 루쉰의 어떤 부분이 이 글의 '전사' 이미지와 닮아 있는지 한번 찾아보자. 또 전사의 적은 어떤 사람들이고, 전사는 무엇을 위해 싸우고 있는지도 생각해 보자.

전사와 파리

쇼펜하우어*는 이렇게 말한 적이 있다.

"사람의 위대함을 평가할 때 정신 면에서의 위대함과 체격 면에서의 위대함은 그 법칙이 완전히 상반된다. 멀리서 보면 후자는 더욱 작아 보이고 전자는 오히려 더욱 커 보인다."

가까우면 더욱 작아지고, 게다가 결점과 상처가 더 잘 보이기 때문에 그는 신도 아니요, 요괴도 아니요, 이상한 짐승도 아니요, 우리와 같은 사람이다. 그는 사람으로서 그저 그럴 뿐이다. 하지만 그저 그렇

❖ 쇼펜하우어

1788년부터 1860년까지 살았던 독일의 철학자. 대표작으로는 『의지와 표상으로서의 세계』가 있다. 인도 철학 등 동양 철학의 영향을 받았으며 선험적 관념론을 주장했다.

기 때문에 그는 위대한 사람이다.

전사(戰士)가 전사했을 때 파리들이 먼저 발견하는 것은 그의 결점과 상처 자국이다. 빨고 앵앵거리고 의기양양해 하는 파리들은 죽은 전사보다 더 영웅인 체한다. 파리들은 더욱 앵앵거리며 스스로는 오히려 불후의 소리인 양 여긴다. 왜냐하면 그들은 전사보다 훨씬 더 완전하기 때문이다.

확실히 그렇다. 누구도 파리들의 결점과 상처를 발견한 적이 없다. 그렇지만 결점을 가진 전사는 어쨌든 전사이고, 완미(完美)한 파리들은 어쨌든 파리에 지나지 않는다.

물러가라, 파리들이여! 비록 날개가 있고 앵앵거릴 수 있지만 절대로 전사를 넘어서지 못할 것이다. 너희 이 벌레들아!

■ 1925년 3월에 발표된 「전사와 파리」는 『화개집』에 수록되어 있어. 이 글에서 우리는 풍자의 대가인 루쉰의 풍모를 느낄 수 있지. 루쉰은 어떤 사람들을 '파리'로 비유하고 풍자하고 있는지 생각해 보자.

개의 반박

꿈속에서 나는 좁은 길을 걷고 있었다. 옷도 신발도 남루해 꼴이 거지와 흡사했다. 개가 등 뒤에서 짖었다. 나는 거만하게 돌아보며 꾸짖었다.

"쉿, 조용히 해! 권세에 아부하는 개놈아!"

"헷헷!"

그 개가 웃었다. 그리고는 말을 이었다.

"무슨 말씀입니까? 도저히 사람님한테는 못 미칩니다."

"뭐라고?"

나는 발끈해졌다. 심한 모욕이라 생각했다.

"부끄럽습니다. 저는 아직 금과 은을 구별할 줄 모릅니다. 무명과 명주도 구별할 줄 모릅니다. 게다가 관리와 백성도 구별할 줄 모릅니다.

주인과 종도 구별하지 못합니다. 게다가……."

나는 도망치기 시작했다.

"잠깐만 기다리십시오. 아직 드릴 말씀이……."

개가 등 뒤에서 큰 소리로 짖었다.

나는 줄달음치며 도망쳤다. 힘껏 달려서 간신히 꿈에서 도망쳐 나오자 내 침대 위였다.

■ 1925년 발표된 「개의 반박」은 『야초』에 수록된 글이야. 루쉰은 꿈에서 개를 만났지. 그는 개를 사람보다 못한 짐승이라고 업신여기는데 꿈속의 개는 개보다 못한 인간들의 행태를 조목조목 지적했어. 여기서 개가 '구별'이라고 말한 것은 사실 '차별'을 의미해.

『아Q정전』에서 루쉰이 비판했던 약자들에 대한 차별의 문제는 무엇인지 다시 한번 떠올려 보자꾸나.

현인과
어리석은 자와 종

종은 걸핏하면 남한테 신세타령을 하려 듭니다. 그럼 마음이 후련해지고 또 그것밖에는 할 수 있는 게 없으니까요. 어느 날, 종은 현인을 만났습니다.

"선생님!"

그는 슬픈 듯이 말했습니다. 눈물이 줄줄 볼을 타고 내렸지요.

"선생님도 아시다시피, 저는 사는 형편이 여느 사람 같지 못합니다. 식사는 하루에 한 번 할까 말까인데, 그나마 강냉이 찌꺼기뿐 개나 돼지도 거들떠보지 않는 것입니다. 그것도 조그만 종지에 딱 한 그릇뿐이지요."

"정말, 불쌍하군."

현인은 애처로운 듯이 말했습니다.

"그렇습니다!"

종은 마음이 흐뭇해졌습니다.

"그런데도 일은 낮이나 밤이나 쉴 새가 없이 많습니다. 아침에는 물 긷기, 저녁에는 밥 짓기, 낮에는 뛰어다니며 심부름하기, 밤에는 가루 빻기, 맑은 날에는 빨래하기, 비오는 날에는 우산 받쳐 주기, 겨울에는 석탄불 피우기, 여름에는 부채 부쳐 주기, 밤중에는 밤참을 만들어 주인의 마작 방에 날라 주기……. 그런데 동전 한 닢은 고사하고 돌아오는 건 매질뿐이니……."

"아이고 저런……!"

현인은 한숨을 지었습니다. 눈가가 빨개지고 곧 눈물이 흐를 듯했지요.

"선생님! 이러니 도저히 해낼 수가 없습니다. 달리 무슨 좋은 방도는 없겠는지요? 어찌하면 좋을까요?"

"조만간 틀림없이 좋아질 거야."

"그럴까요? 그리되었으면 좋겠습니다만……. 어쨌든 이렇게 선생님께 제 괴로움을 털어놓고, 선생님이 저를 동정해 주시고, 위로를 해 주시니 마음이 한결 가벼워졌습니다. 정말, 해님께서는 모른 체하시지 않는다는……."

이삼 일 지나자 종은 다시 마음이 언짢아져서 여느 때처럼 신세타령을 들어 줄 상대를 찾으러 나갔습니다.

"선생님!"

그는 눈물을 흘리며 말했습니다.

"선생님께서도 아시다시피, 제 집은 돼지우리만도 못합니다. 주인은 저를 사람으로 여기지 않습니다. 강아지가 저보다는 몇 만 배 귀여움을 받고……."

"이 멍텅구리야!"

라고 그 사람은 갑자기 소리쳤습니다. 그 사람은 어리석은 자였습니다.

"선생님, 제 집이란 게 쪼끄마한 누더기 오두막입니다. 질퍽거리고 춥고……, 게다가 잠을 자려고 하면 빈대가 나와 마구 물어 댑니다. 고약한 냄새 때문에 코가 비뚤어질 지경입니다. 사방 어디에도 창문 하나 없고……."

"주인한테 창문을 내 달라고 말도 못한단 말이야?"

"안 될 말씀이지요."

"그럼 나를 데리고 가서 한번 보여 봐!"

어리석은 자는 종과 함께 그의 집으로 갔습니다. 그리고 즉시 진흙 벽을 헐려고 하는 겁니다.

"선생님, 무슨 짓을 하시는 겁니까?"

"너한테 창문을 터 주려는 거야."

"안 됩니다! 주인한테 야단맞습니다."

"상관없어!"

그는 계속 부쉈습니다.

"누구 없어요? 강도가 우리 집을 부수고 있어요. 어서요! 어서 오지 않으면 뚫어 버릴 거야……!"

그는 울부짖으며 발을 동당거렸습니다.

종들이 모두 와서 어리석은 자를 쫓아 버렸습니다.

소란 피우는 것을 알고, 주인도 천천히 나왔습니다.

"강도가 우리 집을 부수려 했지만, 제가 소리를 쳐서 모두 힘을 합쳐 쫓아냈습니다."

종은 공손하면서도 자랑스럽게 말했습니다.

"잘했다."

주인이 그를 칭찬했습니다.

그날 그를 위로하러 많은 사람들이 찾아왔습니다. 그중에는 현인도 있었지요.

"선생님, 이번에 제가 공을 세워 주인께서 칭찬해 주셨습니다. 지난번에 선생님께서 조만간 틀림없이 잘될 거라고 말씀하신 것은 정말 선견지명이……."

종은 희망에 넘쳐 유쾌하게 말했습니다.

"그렇고말고……."

덕택에 자기도 유쾌해졌다는 듯이 현인은 고개를 끄덕였습니다.

■1925년 12월 발표된 「현인과 어리석은 자와 종」은 『야초』에 수록된 글이야. 루쉰은 왜 등장인물들에게 '현인' '어리석은 자' '종'이라는 이름을 붙였을까? 현인은 정말 현명한 사람이고 어리석은 자는 정말 어리석은 사람일까? 이 글에 등장하는 종과 『아Q정전』에 등장하는 아큐는 어떤 점에서 비슷하고 또 어떤 점에서 다른지 생각해 보도록 하자.

복수

사람의 살갗 두께는 0.5밀리미터도 채 못 될 것이다. 새빨간 피가 그 안쪽을 돌아다니며, 벽에 덕지덕지 엉겨 있는 털벌레보다도 더 많은 혈관을 흐르며 열을 발산한다. 그리고 저마다 이 열로써 서로 매혹시키며 서로 선동하고 끌어당긴다. 정신없이 어깨를 맞대고, 입 맞추며, 굳게 끌어안고 취할 듯한 생명의 환희 속에서 서로를 탐닉한다.

그러나 만약 날 선 칼로 이 도화색 얇은 살갗을 찌르면, 그 새빨간 더운 피는 그 모든 열기를 단숨에 살육자를 향해 화살처럼 쏟아 낼 것이다. 얼음장 같은 호흡과 새파래진 입술을 드러내며, 상대방을 황홀케 해 비약하는 생명의 극치의 환희를 맛보게 한다. 그리고 자신은 생명의 극치의 대환희 속으로 영원히 빠져들어 간다.

그럼으로써 그들 두 사람은 벌거숭이가 되어 손에 날카로운 칼을 들고 광막한 광야에서 맞서게 된다. 그들 두 사람은 바야흐로 포옹하려 하고 바야흐로 살육하려 한다…….

통행인들이 사방에서 모여든다. 덕지덕지 떼 지은 털벌레가 담벼락을 기어가듯이, 개미 떼가 마른 생선 대가리를 떠메고 가듯이. 입은 것은 모두 아름다우나 손은 비어 있다. 그러나 사방에서 모여들어 마음껏 고개를 쳐들어 이 포옹과 살육을 감상하려 한다. 그들은 머지않아 그 혀가 맛보게 될 땀, 혹은 피의 생생한 맛을 미리부터 예감하고 있다.

그들 두 사람은 광막한 광야에 벌거숭이가 되어, 손에 날카로운 칼을 쥐고 선다. 그러나 포옹도 하지 않고 살육도 하지 않는다. 아니 포옹이나 살육의 기미조차 보이지 않는다. 그들 두 사람은 영원히 그대로 있다. 생기에 넘치는 육체가 시들어 간다. 포옹 혹은 살육의 기미는 전혀 보이지 않는다.

통행인들은 지겨워지기 시작한다. 지겨움이 그들의 털구멍으로 스며드는 듯하다. 지겨움이 마음에서 털구멍 밖으로 기어 나와 광야에 번지고, 타인의 털구멍으로 스며드는 느낌이 든다. 이리하여 그들은 목과 혀에 갈증이 일고 목이 아파진다. 나중에는 얼굴을 마주 보며 하나둘씩 흩어져 간다. 마치 생기를 잃을 때까지 갈증에 시달림을 받은 것처럼.

결국 광막한 광야만 남는다. 그들 두 사람은 벌거숭이가 되어 손에 날카로운 칼을 쥐고, 고갈된 채로 계속 그 자리에 버티고 서 있다. 송장 같은 눈빛으로 통행인의 고갈과 무혈의 대살육을 감상하면서 생명이 비약하는 극치의 대환희로 빠져들어 간다.

■ 1924년 12월에 발표된 「복수」는 『야초』에 수록되어 있는 작품이야. 루쉰은 왜 이 글의 제목을 '복수'라고 했을까? 이때의 복수는 누가 누구에게 하는 것일까? 구경꾼 혹은 '패거리 의식'과 관련지어 한번 생각해 보자.

잡감

사람은 눈물이 있어 동물보다 진화했지만, 이 눈물 때문에 진화하지 않은 것이기도 하다. 맹장이 남아 있어 조류보다는 진화했지만 어쨌든 맹장이 남아 있기에 진화했다고 볼 수 없는 것과 마찬가지이다. 그건 모두 쓸모없는 군더더기일 뿐 아니라 사람들에게 의미 없는 죽음을 부르는 것이기도 하다.

지금의 사람들은 여전히 눈물을 주고받고 있고, 이를 최고의 선물로 여긴다. 왜냐하면 눈물 외에는 아무것도 가진 게 없기 때문이다. 눈물이 없는 사람들은 서로 피를 주고받지만 누구나 다른 사람들의 피는 거절한다.

사람은 대체로 사랑하는 사람이 눈물 흘리는 것을 바라지 않는다. 그러나 임종 때 사랑하는 사람이 자기를 위해 우는 것도 바라지 않을

까? 눈물이 없는 사람이라면 어느 때든 사랑하는 사람의 눈물도 피도 원하지 않는다. 그는 자기를 위한 그 어떤 눈물이나 멸망도 거절한다.

사람은 만인이 보는 앞에서 죽임을 당하는 것을 '귀신도 모르는' 곳에서 죽임을 당하는 것보다 기뻐한다. 왜냐하면 군중 속의 누군가로부터 눈물을 자아낼 수 있다는 망상이 있기 때문이다. 그러나 눈물 없는 사람에게는 어느 곳에서 죽임을 당하든 전혀 다를 바가 없다.

눈물 없는 사람을 죽이면 분명 피도 볼 수 없을 것이다. 사랑하는 사람은 그의 죽음의 참혹함을 느끼지 못하고 원수도 그를 살해한 즐거움을 얻지 못할 것이다. 이것이 그의 보은이요 복수이다.(……)

용감한 자는 분노하면 칼을 뽑아 더 강한 자에게 겨눈다. 비겁한 자는 칼날을 뽑아 오히려 더 약한 자에게 겨눈다. 구제할 수 없는 민족 중에는 틀림없이 아이들에게만 눈을 부라리는 영웅들이 많을 것이다. 이 비겁쟁이들!

아이들은 눈 부라림 속에서 자라나 또 다른 아이들에게 눈을 부라리면서, 자기들이 일생 동안 분노 속에서 보낸다고 생각한다. 분노가 겨우 이 같을 뿐이므로 그들은 일생 동안 분노한다. 그리고 2세, 3세, 4세, 심지어 말세에 이르기까지 분노한다.

밥, 이성(異性), 나라, 민족, 인류 등등 무엇을 사랑하든지 오직 독사처럼 감겨들고 원귀처럼 집요하게 24시간 그칠 줄 모르는 사람만이 희망이 있다. 그러나 피로를 느낄 때면 좀 쉬어도 무방하다. 쉬고 나서는 다시 한 번 해야 하고 나아가 두 번, 세 번 해야 한다……. 혈서,

규정(糾正), 청원, 강연, 울기, 전보, 회의, 연설, 신경쇠약 등 일체가 소용없다.(……)

신음하고 탄식하고 흐느껴 울고 애걸하는 소리가 들려와도 놀랄 것까지는 없다. 그러나 잔혹한 침묵을 보았을 때는 유의해야 한다. 독사처럼 무엇인가 시체더미 사이를 기어 다니고 원귀처럼 무언가 암흑 속을 내달리는 것을 보았을 때 더욱 유의해야 한다. 이것은 '진짜 분노'가 다가올 것임을 예고하는 것이기 때문이다. 그때는 옛날을 앙모하는 자는 옛날로 돌아가야 하고, 세상을 벗어나려는 자는 세상을 벗어나야 하고, 하늘로 오르려는 자는 하늘로 올라가야 하고, 영혼이 육체를 떠나려는 자는 떠나야 한다……!

▥ 1925년 5월에 발표된 「잡감」은 『화개집』에 수록된 글이야. 여기서 루쉰은 삶을 살아가는 데 가장 필요한 것이 무엇이라고 강조하고 있을까? 또 그가 혐오하며 버려야 한다고 말한 것들은 무엇일까? 곰곰이 생각해 보자.

선두와 꼴찌
(「이것과 저것」중에서)

『한비자』에서 경마의 요체는 "선두가 되지 않고 꼴찌를 부끄러워하지 않는" 데 있다고 했다. 우리 같은 문외한들이 보기에도 매우 일리 있는 말이라 느껴진다. 가령 처음부터 목숨 걸고 내달리면 말은 쉽게 힘이 고갈되기 때문이다. 다만 첫번째 구절, "선두가 되지 않는다."는 것은 오직 경마에만 적용해야 하는데, 불행히도 중국인들은 이를 처세의 비결로 받들고 있다.

중국인들은 "주동자나 주모자가 되지 않으려 할" 뿐만 아니라 심지어 "복을 먼저 받으려고도 하지 않는다." 그래서 모든 일에서 개혁이 쉽지 않은 것이다. 대체로 선구자나 맹장은 누구도 앞에 나서기를 꺼린다. 그렇지만 인성(人性)은 어찌 도가에서 말하는 것처럼 세상 물욕이 없는 상태가 될 수 있겠는가? 오히려 얻고자 하는 것이 많은 법이다. 감히 직접적으로 얻을 수 없으니까 음모와 수단을 사용하지 않을 수 없는 것이다. 그래서 사람들은 날로 자신의 비겁함을 드러내며 "선두가 되지 않으려"는 것은 물론이거니와 "꼴찌를 부끄러워하지 않는다."는 것도 감히 행하지 못한다.

비록 군중들이 큰 무리를 이루고 있다 하더라도 그들은 약간의 위기만 보이면 곧 "새와 짐승처럼 흩어져 버린다." 만약 우연히 돌아서지 않으려는 몇 사람이 있어 해를 당하면 여론은 이구동성으로 그들을 바보라고 부른다. "인내심을 갖고 끝까지 해 나가는" 사람들에 대해서도 마찬가지이다.

나는 이따금 학교의 운동회를 보러 간다. 이런 경쟁은 본래 두 적국의 전쟁처럼 원한 관계는 아니지만 경쟁 때문에 욕을 하거나 때리는 경우도 있다. 이런 일은 논외로 한다. 보통 달리기 시합 때 가장 빠른 서너 사람이 결승점에 도달하게 되면 그 나머지는 해이해져서 예정된 바퀴 수를 다 달리지 않고 도중에 구경꾼의 무리 속으로 비집고 들어가 버린다. 어떤 이는 자빠지는 시늉을 해 적십자 대원들이 들것으로 싣고 가게 한다. 뒤처졌더라도 끝까지 달리는 경우가 가끔은 있는데, 이처럼 끝까지 달린 사람에게 사람들은 조소를 보낸다. 너무나 총명하지 못한 나머지 "꼴찌를 부끄러워하지 않은" 때문이다.

그래서 중국은 여태껏 실패한 영웅이 적었고, 참을성 있는 반항이 적었고, 감히 홀로 악전고투하는 무인이 적었고, 역적의 무리에 대해 위로의 눈물을 흘리는 조문객이 적었다. 승리의 조짐이 보이면 벌 떼처럼 모여들고, 실패의 조짐이 보이면 어지러이 달아나 버린다. 무기가 우리보다 훨씬 정밀하고 예리한 구미 사람들, 무기가 우리보다 반드시 정밀하고 예리하다고 할 수 없는 흉노, 몽고, 만주 사람들이 모두 무인지경(無人之境, 사람이 살지 않는 외진 곳)에 들어오듯 쳐들어왔다. "토붕와해(土崩瓦解, 산산이 부서지다)"라는 이 네 글자야말로 스스로를 분명히 알고 있음을 형용하는 말이다.

"꼴찌를 부끄러워하지 않는" 사람들이 많은 민족은 아마도 단숨에 토붕와해 되지는 않을 것이다. 나는 운동회를 볼 때마다 항상 이런 생각을 한다. 승리자가 존경스러운 것은 물론이지만, 뒤처졌더라도 끝까지 멈추지 않고 뛰는 자와 이런 자를 보고서 비웃지 않는 숙연한 구경꾼이야말로 중국의 대들보라고.

■ 1925년 12월에 발표된 「이것과 저것」의 제3장 '선두와 꼴찌'는 『화개집』에 수록된 글이야. 여기서 루쉰은 중국 민족에게 어떤 점이 부족하다고 비판하고 있을까? 이 글에서 말하는 '구경꾼'은 어떤 모습을 하고 있고, 그것은 『아Q정전』의 '구경꾼'과 어떤 점에서 비슷하고 다른지 한번 생각해 보자꾸나.

- -

- -

- -

죽음

작년 이래로 병을 겪고 난 후 요양 중에는 언제나 등의자에 누워서 체력이 회복되면 무엇에 손을 댈까 생각하는 버릇이 생겼다. 어떤 글을 쓸 것인지, 어떤 책을 번역하고 출간할 것인지 글로 생각이 정해지면 중얼거렸다. 그래, 그렇게 하자. 그러나 빨리 해야겠다. 이 '빨리 해야겠다'는 전에 없던 생각이다. 모르는 사이에 내 나이를 생각하게 된 탓이리라. 물론 직접 '죽음'을 생각한 일은 한 번도 없었다.

금년에 큰 병을 치르면서 비로소 죽음에 대한 예감이 뚜렷이 일었다. (……) 이때 나는 인간은 죽어도 유괴가 되지 않는다는 믿음을 재확인했다. 다만 유언장을 쓰는 데 생각이 미쳤을 뿐이다. 단언컨대 만일 내게 궁보라는 지위와 천만의 부가 있었다면, 틀림없이 아들이며 사위며 그 밖의 사람들이 진작 나를 졸라 유언장을 쓰게 만들었을 것이다. 하지만 누구 하나 그 이야기를 꺼내지 않았다. 어찌됐건 한 장써 두자고 생각했다. 그때는 여러모로 생각해서 결정했던 것으로 기억한다. 모두가 집안사람들을 대상으로 한 것이며 가령 다음과 같은 내용이 있었다.

1. 장례식을 위해 누구에게든 한 푼도 받아서는 안 된다. 단, 친구들은 이 규정과 상관없다.
2. 즉시 입관해 묻고 뒤처리를 해 버려라.
3. 어떤 형식으로든 기념 비슷한 행사를 하지 말라.
4. 나를 잊고 자기 생활에 충실해라. 그렇지 않으면 진짜 바보다.
5. 아이들이 성장해 만일 재능이 없다면 조용한 직업을 구해 살아가도록 해라. 절대로 공소한 문학가나 미술가는 되지 말라.
6. 타인이 주겠다고 약속한 것을 기대하지 말라.
7. 타인의 이나 눈을 해치면서 보복에 반대하고 관용을 주장하는 그런 인간은 절대 가까이 하지 말라.

이 밖에도 물론 더 있었지만 이제는 잊어버렸다. 서양인은 임종 때 곧잘 타인의 용서를 빌고 자기도 타인을 용서하는 의식을 치른다고 한다. 나의 적은 상당히 많다. 만일 신식을 자처하는 사람이 묻는다면 뭐라 답할까? 나는 생각해 보았다. 그리고 결정했다. 멋대로 원망하도록 해라. 나 역시 한 사람도 용서하지 않겠다.

■ 1936년 9월에 발표된 「죽음」은 『차개정잡문 말편』의 '부집'에 수록된 글이야. 죽음은 누구에게나 찾아오지만 그 죽음을 대하는 태도는 모두 다른 법이지. 이 글은 루쉰이 사망하던 해에 쓴 것인데, 자신의 죽음에 대해 어느 정도 예상하고 있었던 것처럼 보이지?

이 글은 정식 유서는 아니지만 삶과 죽음에 대한 루쉰의 태도와 평소 성격을 잘 엿볼 수 있어. 만약 지금 우리에게도 유서를 쓸 기회가 주어진다면, 어떤 방식으로 어떤 내용의 글을 쓸 수 있을까? 이 글을 참고로 해서 한번 진지하게 생각해 보는 것도 좋을 거야.

쉬광핑에게

광핑 형에게,

오늘 받은 편지 중 일부 문제에 관해서는 나 자신도 명쾌한 답변을 하기 곤란하군요. 우선 몇 자 적어 보도록 하겠습니다.

나는 학풍이란 정치 상황이나 사회 정세와 깊은 관련이 있다고 생각합니다. 우수한 능력을 갖추고 있기만 한다면 그가 비록 깊은 산속에 있다 할지라도 도시에 있을 때에 비해 더 뛰어난 능력을 발휘하지 못할 것도 없습니다. 하지만 정치가 혼탁한 상황에서는 아무리 훌륭한 인재라도 자신의 능력을 제대로 펼치기 어렵습니다. 학생들 또한 학교라는 테두리 안에서는 세상의 추악하고 암울한 소식을 조금은 덜 접하겠지만, 일단 교문 밖을 나서서 사회와 맞닥뜨리게 되면 서서히 고통을 겪으면서 타락하게 마련입니다. 단지 개인에 따라서 빠르고 늦는 차이가 있을 뿐이지요.

따라서 내 생각은 이렇습니다. 타락하고 고통받는 것이 피할 수 없는 일이라면 차라리 타락의 나락으로 서둘러 뛰어들든가, 아니면 하루라도 빨리 고통스러운 현실에 당당히 맞서 싸우는 편이 낫다고 봅니다. 그렇지 않고서 현실과 동떨어져 있다가 어느 날 갑자기 번잡한 세상으로 들어선다면 고통과 충격은 더욱 크게 다가오지 않을까요? 아마 그 고통의 무게는 처음부터 도시에 있던 사람이 겪었던 것과 다르지 않을 겁니다.(……)

교육계가 깨끗하지 못하다는 사실은 어제 오늘의 문제가 아닙니다. 돈의 위력은 실로 대단합니다. 예로부터 중국은 돈으로 상대를 유혹하는 술책이 비상한 나라였기에 그런 현상이 자연스럽게 나타난 것이지요. 듣자 하니 중·고등학교에서도 돈이 위세를 누리는 현상이 만연해 있다고 하더군요. 간혹 아직 나이가 어리거나 경제적으로 곤란을 겪어 보지 않은 경우, 혹은 돈을 쓸 필요를 느끼지 못한 경우는 예외가 될 수도 있겠습니다.

여학교의 문제로 넘어가 본다면 최근 여성들도 점차 경제적 독립의 필요성을 깨닫고 있다는 데 그 원인이 있다고 봅니다. 여성이 경제적으로 독립하는 방법으로는 두 가지가 있는데 하나는 본인 스스로 비상한 노력을 다하는 경우이고, 또 하나는 교묘히 남의 것을 빼앗는 것입니다. 전자의 방법이 너무 힘들기 때문에 대부분 후자를 택해 타락의 길로 들어서고 맙니다. 잠시 이성적으로 깨어났다가도 이내 깊은 혼돈의 나락으로 빠지고 마는 것이지요. 이런 경향은 단지 여성에게만 국한된 것은 아닙니다. 대다수 남성도 마찬가지입니다. 남성이 여성과 다른 점이 있다면 교묘히 빼앗는 것에 그치지 않고 한술 더 떠서 강탈하려 한다는 것입니다.(……)

이제부터는 그럭저럭 세상을 살아가는 나만의 철학에 대해서 말하려고 하니 참고가 되었으면 합니다.

먼저 인생이라는 긴 여정에서 가장 쉽게 부딪히게 되는 난관에는 두 가지가 있습니다. 첫 번째가 '갈림길'입니다. 갈림길 앞에서 묵적◈ 선생은 '슬피 울며 돌아섰다'고 전해지지만 나라면 결코 울며 돌아가지는 않을 겁니다. 우선 갈림길 입구에 앉아 잠시 쉬거나 한잠 자겠습니다. 그런 후에 내가 갈 길을 정해 다시 출발하겠습니다. 길을 가는 도중에 자비로운 사람을 만나면 그가 가진 음식으로 허기를 채울지언정 결코 그에게 길을 묻지는 않을 겁니다. 왜냐하면 그 역시 앞길을 모르기는 마찬가지임을 너무도 잘 알기 때문입니다.

만약 호랑이를 만난다면 나무 위로 기어 올라가 호랑이가 사라질 때까지 기다릴 것입니다. 호랑이가 꼼짝 않고 서서 가지 않는다면 굶

◈ **묵적**
중국 춘추시대의 사상가. 흔히 민중의 입장을 대변하고 공자 사상을 비판한 사상가로 유명하다. 공자는 '예'로써 사회적 혼란을 다스리려고 했던 반면, 묵적은 평등한 사랑을 뜻하는 '겸애'로 혼란을 바로잡으려고 했다. 그의 사상은 제자들이 정리한 『묵자』라는 책으로 전해지는데, 71편 중 지금은 53편이 남아 있다.

어 죽는 한이 있어도 절대로 나무에서 내려오지 않을 겁니다. 나무에 허리띠로 몸을 묶어 설령 죽는다 해도 호랑이가 내 몸을 건드리지 못하게 하겠습니다. 만약 나무가 없다면? 그렇다면 어쩔 도리가 없겠지요. 호랑이의 입속으로 통째로 삼켜진다 한들 어쩌겠어요?

두 번째 난관은 '막다른 길'에 다다르는 것입니다. 이런 경우 완적*
은 '통곡하며 돌아섰다'고 전해지지만 나는 결코 그렇게 하지 않을 것
입니다. 막다른 길 또한 갈림길과 마찬가지로 가시밭길이라 할지라도
헤쳐 나가야지요. 온통 가시덤불로 뒤덮여 도저히 갈 수 없을 정도로
험난한 길은 아직 본 적이 없답니다. 나는 본디 이 세상에 막다른 길
이란 존재하지 않는다고 확신합니다. 게다가 운 좋게도 이제껏 그런
난관은 아직 겪어 보지 못했던 것 같군요.

나는 사회 투쟁에 있어서도 결코 무모하게 앞장서지 않을 겁니다.
다른 사람의 희생도 강요하고 싶지 않고요. 유럽의 전투 중에는 '참호
전'이라는 것이 있습니다. 병사들이 참호를 파고 들어가 담배도 피고
노래도 부르고 카드놀이를 즐기거나 술까지 마신다고 하더군요. 참호
안에서 미술전을 열 때도 있지만 불시에 총성이 울리면 언제 그랬냐
는 듯이 즉각 적을 향해 총구를 겨눈답니다. 중국이란 본래 뒤에서 중
상모략을 꾸미는 전투가 많으므로 무작정 앞장서는 용사들은 쉽게
목숨을 잃게 마련이지요. 따라서 이런 전법이 필요한 겁니다.

물론 때때로 물불 가리지 않는 육박전이 반드시 필요한 경우도 있
습니다. 하긴 지금 같은 시기는 별다른 대안이 없기에 육박전도 방법

❖ 완적
중국 3국 시대 때 위나라의 사상가이자 시인. 전통적인 유교 사상이나 권력에 반대하는
시를 지었고, 자신의 자유로운 사상을 지키기 위해 일부러 술과 기행(奇行)으로 자신을 위
장하고 살았다. 대표작으로는 『영회』라는 연작시가 있다.

일 수 있다고 봅니다.

이제 결론을 짓자면 고통에 맞서는 나만의 방법이란 엄습해 오는 고통과 마주해 다소 억지스러울지라도 나 자신은 승리했다고 외쳐 대는 것입니다. 고래고래 목청을 높여 큰 소리로 승전가를 불러 보는 것을 낙으로 삼는 것도 즐거움이 아닐까요? 어쩌면 이것이 바로 우리가 찾던 설탕인지도 모르지요…….

■ 이 글은 1925년 3월 11일에 쉬광핑이 스승인 루쉰에게 교육 현실과 청년의 미래에 대한 고민을 적어 보낸 편지에 루쉰이 답장한 글이야. 두 사람이 주고받은 사십여 편의 편지는 훗날 『양지서』라는 제목으로 출판되었지. 당시 루쉰은 베이징 여자 사범 대학교의 교수였고 쉬광핑은 그의 소설사 수업을 듣던 학생이었어. 이 편지가 계기가 되어 그들은 동지이자 연인 관계로 발전했지.

여기서 루쉰은 인생의 두 가지 난관, 즉 '갈림길'과 '막다른 길'에 대해 이야기하지. 그것이 무엇인지 우선 정리해 보고, 각각의 난관에 대해 자신의 생각은 어떤지 말해 보기로 해. 또 결론 부분에서 '고통에 맞서는 나만의 방법'이 아큐의 '정신승리법'과 어떤 관련이 있는지 생각해 보자.

●

연대기로 본 루쉰의 생애와 작품

●

이 책을 쓰는 데 도움을 준 고마운 책들

| 연대기로 본 루쉰의 생애와 작품 |

- **1881년** 9월 25일, 루쉰은 중국의 저장 성 사오싱 부 화이지 현 신타이먼에서 아버지 저우 펑이와 어머니 루뢰이 사이에서 장남으로 태어났다. 그의 본명은 저우수런이고 루 쉰은 훗날 그가 사용했던 많은 필명 중 가장 널리 알려진 것이다.

- **1887년** 7세. 서당에 들어가 한자로 된 글을 배우기 시작했다.

- **1893년** 11세. 할아버지가 과거 시험 부정 사건에 연루되어 옥살이를 시작했고, 아버지는 중 병으로 앓아누웠다. 이를 계기로 집안이 몰락하기 시작했고, 루쉰은 아버지의 약을 구하기 위해 동분서주했다.

- **1898년** 18세. 서양의 문물을 조금씩 접하기 시작하면서 신학문을 배우기 위해 난징에 있는 장난수사학당에 입학했고, 이듬해 장난육사학당 부설 광무철로학당으로 전학했다.

- **1902년** 22세. 국비 유학생에 뽑혀 일본으로 유학을 떠났다. 유학생 예비 학교인 도쿄 고분 학원 장난반에 입학했다.

- **1903년** 23세. 잡지 『절강조』에 논문 「스파르타의 혼」, 「중국지질약론」을 발표했고, 쥘 베른 의 소설 「달세계 여행」을 번역했다.

- **1904년** 24세. 센다이 의학 전문학교에 입학했다. 어린 시절, 병중의 아버지를 위해 민간 처 방의 약을 구하느라 고생했던 경험과 중국 의학의 한계에 실망했던 기억이 서양 의 학 공부로 이끌었다.

- **1906년** 26세. '환등기 사건'을 경험하면서 의학을 포기하고 국민의 정신을 치료하는 문학 자의 길을 걷기로 결심을 바꾼다. 그해 6월 일시 귀국하여 어머니의 권유로 주안과 결혼했으나 행복하지 않았다. 동생 저우쭤런을 데리고 일본으로 돌아가 문예 활동 에 몰입하기 시작했다.

- **1907년** 27세. 친구인 쉬서우상 등과 함께 문예지를 만들기로 도모하나 실패했다. 잡지 『허난』에 「인간의 역사」 「마라시력설」 「과학사교편」 「문화편지론」 「파악성론」 등 논 문을 발표했다.

- **1909년** 29세. 동생 저우쭤런과 함께 러시아와 동유럽의 문학 작품을 번역하여 『역외소설

집」이라는 제목으로 출판했다. 같은 해 8월 귀국했다.

- **1911년** 31세. 10월 신해혁명으로 청 왕조가 몰락하고 중화민국 정부가 수립되었다. 산회이 초급 사범 학당의 교장으로 부임했고, 한문 소설 「회구」를 썼다.

- **1912년** 32세. 중화민국 임시 정부가 난징에 수립되었고 교육부 직원이 되었다. 그해 5월 정부가 베이징으로 옮기자 함께 이사했고, 사회교육국 1과장으로 승진했다.

- **1914년** 34세. 불교에 관한 공부를 시작했다.

- **1916년** 36세. 사오싱 회관 안에 있는 보수서옥으로 이사했다. 이듬해, 장쉰의 쿠데타에 분 개하여 잠시 교육부를 떠났다가 다시 복귀했다.

- **1918년** 38세. 「신청년」 5월호에 중국 최초의 현대 단편 소설인 「광인일기」를 발표했다.

- **1919년** 39세. 고향집을 처분하고 어머니와 부인, 동생 내외를 데리고 바다오완으로 이사했 다. 단편 소설 「쿵이지」와 「약」을 「신청년」에 발표했다.

- **1921년** 41세. 5월에 「신청년」에 「고향」을 발표했고, 12월 4일부터 베이징 「천바오」에 「아Q 정전」을 연재하기 시작하여 1922년 2월 12일에 끝냈다.

- **1922년** 42세. 러시아의 작가 예로센코의 「동화집」을 번역했고, 단편 「단오절」 「흰빛」 「토끼 와 고양이」 「오리의 희극」 「마을연극」 「하늘을 보수한 이야기」 등을 발표했다. 그해 12월 「광인일기」 등 소설 15편을 묶어서 첫 소설집 출간 작업을 했다.

- **1923년** 43세. 8월에 소설집 「납함」이 출간되었고, 12월에 「중국소설사략」 상권이 나왔다. 베이징 여자 고등학교와 세계어 전문학교의 강사로 출강했다.

- **1924년** 44세. 시샨타오 후퉁에 있는 사합원으로 이사했고, 국립 서북대학의 초청으로 시안 에서 강연했다. 「복을 비는 제사」 「술집에서」 「행복한 가정」 「비누」 등 두 번째 작품 집 「방황」에 들어갈 단편 소설을 창작하는 한편, 「중국소설사략」 하권을 간행했으 며, 주간 잡지 「어사」의 창간을 후원하고 주요 필자가 되었다.

- **1925년** 45세. 단편 소설 「장명등」 「조리 돌리기」 「까오선생」 「고독자」 「죽음을 슬퍼하며」 등 을 발표했고, 평론집 「열풍」을 간행하는 한편, 잡지 「망원」을 창간했다. 훗날 연인이 자 동지가 될 쉬광핑과 편지 왕래를 시작했다. 교육 총장 장스자오의 베이징 여자 사범 대학 해산 조치에 항의하는 시위에 가담했다가 교육부 첨사직에서 해임되었다.

- **1926년** 46세. 시민·학생의 반정부 시위와 그것을 진압하던 정부군 간의 충돌로 '3.8 사건' 이 발생했다. 그 결과 루쉰도 교육부 공직과 대학의 강사직을 박탈당하고 잠시 지 명 수배자가 되어야 했다. 베이징을 떠나 샤먼 대학 교수로 부임했다. 두 번째 잡

문집 『화개집』을 출간했고, 「'페어플레이'는 천천히 행할 것을 논함」을 『망원』에 발표했다.

- **1927년** 47세. 샤먼 대학을 떠나 광저우 중산 대학의 교수로 부임했으나, 국민당 우파의 난동으로 교수직을 사임하고 상하이로 떠났다. 산문시집 『야초』, 잡문집 『무덤』과 『화개집 속편』을 출간하고 각 대학에서 순회 강연을 벌였다.

- **1928년** 48세. 잡문집 『이이집』 산문집 『아침꽃을 저녁에 줍다』를 출간했고, 장편 동화집 『작은 요한』을 번역 출간했다. 젊은 문인들과 '혁명문학논쟁'을 벌였고, 『어사』의 책임 편집자가 되었다.

- **1930년** 50세. '자유운동대동맹'의 발기인으로 참여했고 중국좌익작가연맹의 주석단에 선임되었다. 일본어 야학 교실에서 세계 판화 전람회를 개최했으며, 「억지 번역과 문학의 계급성」을 발표했고, 플레하노프의 『예술론』을 번역 출판했다.

- **1932년** 52세. 잡문집 『삼한집』과 『이심집』을 출판했고, 러시아 작가 20인의 단편 소설을 번역하여 『수금』이라는 이름으로 세상에 내놓았다.

- **1933년** 53세. 민권보장동맹에 참여했고, 『신보』에 가명으로 잡문을 발표하기 시작했다. 쉬광핑과 주고받은 편지를 엮어서 『양지서』라는 제목으로 출간했다. 미국의 극작가 버나드 쇼를 만났다.

- **1935년** 55세. 좌익작가연맹 안에서 '국방문학'과 '민족혁명전쟁의 대중문학' 논쟁이 시작되었고 루쉰은 후자의 편에 섰다. 잡문집 『집외집』『문외문답』을 출판했고, 「고사리 캐는 사람」「출국」「죽은 자 살리기」「하늘을 보수한 이야기」「달로 달아난 항아」「도공의 복수」「치수」「전쟁 반대」 등을 모아서 세 번째 소설집 『고사신편』 작업을 진행했다.

- **1936년** 56세. '국방문학'과 '민족혁명전쟁의 대중문학' 논쟁의 결과 좌익작가연맹이 흐지부지 해산되었다. 소설집 『고사신편』 잡문집 『화변문학』을 출간했고, 「중국문예공작가 선언」「단결 방어와 언론 자유를 위한 문예계 동인들의 선언」에 루쉰도 이름을 올렸다. 10월 17일 수필 「타이엔 선생으로 인해 생각나는 두세 가지 일」을 끝으로 그는 절필했고, 이틀 후인 10월 19일 지병인 폐병으로 세상을 떠났다.

이 책을 쓰는 데 도움을 준 고마운 책들

- 『루쉰 소설 전집』, 루쉰 지음, 김시준 옮김, 서울대학교 출판부, 2005.
- 『화개집』, 루쉰 지음, 홍석표 옮김, 선학사, 2003.
- 『무덤』, 루쉰 지음, 홍석표 옮김, 선학사, 2003.
- 『노신문집』 2, 3, 4, 5, 6, 루쉰 지음, 다케우치 요시미 역주, 한무희 옮김, 일월서각, 1992.
- 『루쉰의 편지』, 루쉰·쉬광핑 지음, 리우푸친 엮고 해설, 임지영 옮김, 이룸, 2004.
- 『노신』, 마루오 쯔네기 지음, 유병태 옮김, 제이앤씨, 2006.
- 『인간 루쉰』 상·하, 린시엔즈 지음, 김진공 옮김, 사회평론, 2007.

생각한다는 것
고병권 선생님의 철학 이야기
고병권 지음 | 정문주 · 정지혜 그림

탐구한다는 것
남창훈 선생님의 과학 이야기
남창훈 지음 | 강전희 · 정지혜 그림

기록한다는 것
오항녕 선생님의 역사 이야기
오항녕 지음 | 김진화 그림

읽는다는 것
권용선 선생님의 책 읽기 이야기
권용선 지음 | 정지혜 그림

느낀다는 것
채운 선생님의 예술 이야기
채운 지음 | 정지혜 그림

믿는다는 것
이찬수 선생님의 종교 이야기
이찬수 지음 | 노석미 그림

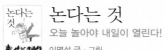

삼국유사
끊어진 하늘길과 계란맨의 비밀
일연 원저 | 조현범 지음 | 김진화 그림

종의 기원
모든 생물의 자유를 선언하다
찰스 다윈 원저 | 박성관 지음 | 강전희 그림

너는 네가 되어야 한다
고전이 건네는 말 1

수유너머R 지음 | 김진화 그림

나를 위해 공부하라
고전이 건네는 말 2

수유너머R 지음 | 김진화 그림

독서의 기술
책을 꿰뚫어보고 부리고 통합하라
모티머 J 애들러 원저 | 허용우 지음

우정은 세상을 돌며 춤춘다
고전이 건네는 말 3

수유너머R 지음 | 김진화 그림

대화편
플라톤의 국가란 무엇인가

플라톤 원저 | 허용우 지음 | 박정은 그림

감히 알려고 하라
고전이 건네는 말 4

수유너머R 지음 | 김진화 그림

질문과 질문으로 이어지는 생각 익힘책

생각연습
생각의 근육을 키우는 질문 34

리자 하글룬트 글 | 서순승 옮김 | 강전희 그림

그림을 그린 **김고은** 선생님은
서울에서 태어나 독일 부퍼탈 베르기슈 대학교에서 시각 디자인을 공부했습니다. 글을 쓰고 그림을 그린 책으로 『조금은 이상한 여행』 『딸꾹질』 『일어날까, 말까?』 『눈행성』이 있습니다. 『말하는 일기장』 『똥호박』 『쥐와 게』 『큰 고추 작은 고추』 『공부의 신 마르크스, 돈을 연구하다』들에도 그림을 그렸습니다.

너머학교 고전교실 09

아Q정전 어떻게 삶의 주인이 될 것인가

2015년 5월 5일 제1판 1쇄 발행
2017년 9월 15일 제1판 3쇄 발행

지은이	권용선
그린이	김고은
펴낸이	김상미, 이재민
편집	오경희
디자인기획	민진기디자인
종이	다올페이퍼
인쇄	청아문화사
제본	광신제책
펴낸곳	너머학교
주소	서울시 종로구 자하문로 100-1 청운빌딩 2층
전화	02)336-5131, 335-3366, 팩스 02)335-5848
등록번호	제313-2009-234호

ⓒ 권용선, 2015
이 책의 저작권은 저자에게 있습니다.
저자와 출판사의 허락 없이 내용의 일부를 인용하거나 전재하는 것을 금합니다.
ISBN 978-89-94407-34-0 44080
ISBN 978-89-94407-30-2 44000(세트)

너머북스와 너머학교는 좋은 서가와 학교를 꿈꾸는 출판사입니다.